行政执法文书实务指南系列

城市管理
行政执法文书样式
制作规范与法律依据

CHENGSHI GUANLI XINGZHENG ZHIFA WENSHU YANGSHI
ZHIZUO GUIFAN YU FALÜ YIJU

法律应用研究中心 ◎ 编

中国法制出版社
CHINA LEGAL PUBLISHING HOUSE

目　　录

附录

住房和城乡建设部办公厅关于印发《城市管理行政执法文书示范文本（试行）》的通知①

建办督函〔2020〕484 号

各省、自治区住房和城乡建设厅，北京市城市管理委员会、城市管理综合行政执法局，天津市城市管理委员会，上海市住房和城乡建设管理委员会，重庆市城市管理局，新疆生产建设兵团住房和城乡建设局：

为加强城市管理执法制度化法治化建设，进一步规范城市管理执法行为，保护行政相对人的合法权益，根据行政处罚法、行政强制法、《城市管理执法办法》等法律法规规定，我部制定了《城市管理行政执法文书示范文本（试行）》，现印发给你们，请结合工作实际，参照执行。

中华人民共和国住房和城乡建设部办公厅

2020 年 9 月 17 日

---

① 文书与制作指南内容请参见下文，相应【法律依据】为编者所加，方便读者使用。

说　明①

1. 《城市管理行政执法文书示范文本》适用于地方各级城市管理行政执法文书制作。

2. 《城市管理行政执法文书示范文本》中的执法文书，是指城市管理行政执法部门实施行政执法活动过程中，依法填写或制作的书面材料。

3. 各地城市管理行政执法部门可结合本地实际，参照适用。

4. 制作、打印执法文书，参照《党政机关公文格式》。

---

① 此为《城市管理行政执法文书示范文本（试行）》中的说明，载住房和城乡建设部网站，http：//www. mohurd. gov. cn/wjfb/202010/t20201030_ 247758. html，最后访问时间：2021 年 9 月 9 日。

一、外部文书

（一）立案阶段

1. 立案通知书

立 案 通 知 书

　　　　　　（　）城立通字〔　　　〕第　　号

　　　（自然人姓名或单位名称）　：

　　你（单位）涉嫌实施的　　　　　　行为，本机关已依法予以立案，并将开展进一步调查。调查终结后，本机关将依法作出处理。

　　根据《中华人民共和国行政处罚法》第五十五条①的规定，你（单位）有义务如实回答本机关的询问，并协助本机关依法开展调查或者检查，不得拒绝或者阻挠。

　　根据《中华人民共和国行政处罚法》第四十五条的规定，你（单位）有权进行陈述和申辩。在本机关调查期间，你（单位）可以陈述事实、理由，提交相应证据。本机关将对你（单位）提出的意见进行复核；你（单位）提出的事实、理由或者证据成立的，本机关将予以采纳。

　　　　　　　　　　　　　　　　行政执法机关全称（印章）
　　　　　　　　　　　　　　　　　　年　　月　　日

联 系 人：　　　　　　　　　　　联系地址：　　　　　　　　　　
联系电话：　　　　　　　　　　　邮政编码：　　　　　　　　　　

---

　　① 为与2021年修改后的《中华人民共和国行政处罚法》相衔接，本书中对《城市管理行政执法文书示范文本（试行）》中文书涉及的法条序号和个别内容进行了更新，下文不再赘述。

【制作指南】

立案通知书，是城市管理行政执法部门经立案审批后确定立案，并向行政相对人作出告知其涉嫌违法行为已立案并将进一步调查时使用的文书。

一、准确填写当事人的姓名或名称，并与身份证、营业执照等证明当事人主体资格的材料上保持一致。

二、写明涉嫌违法行为当事人实施具体行为的事项。

三、有城市管理行政执法部门名称并加盖印章，同时注明作出文书的日期。

四、本文书一式两份，一份送达当事人，一份附卷归档，并与《送达回证》配套使用。

【法律依据】

1.《中华人民共和国行政处罚法》（2021 年 1 月 22 日）

第四十五条 当事人有权进行陈述和申辩。行政机关必须充分听取当事人的意见，对当事人提出的事实、理由和证据，应当进行复核；当事人提出的事实、理由或者证据成立的，行政机关应当采纳。

行政机关不得因当事人陈述、申辩而给予更重的处罚。

第五十五条 执法人员在调查或者进行检查时，应当主动向当事人或者有关人员出示执法证件。当事人或者有关人员有权要求执法人员出示执法证件。执法人员不出示执法证件的，当事人或者有关人员有权拒绝接受调查或者检查。

当事人或者有关人员应当如实回答询问，并协助调查或者检查，不得拒绝或者阻挠。询问或者检查应当制作笔录。

2.《城市管理执法办法》（2017 年 1 月 24 日）

第二十五条 城市管理执法主管部门依照法定程序开展执法活动，应当保障当事人依法享有的陈述、申辩、听证等权利。

3.《城市管理执法行为规范》（2018 年 9 月 5 日）

第十一条 城市管理执法人员应当依法、全面、客观、公正调查取证。

调查取证时，城市管理执法人员不得少于两人。

（二）调查取证阶段

2. 调查（询问）通知书

调查（询问）通知书

_____（ ）城调（询）通字〔   〕第   号

___（自然人姓名或单位名称）___：

关于_____（案由）_____的一案，本机关已予以受理。根据《中华人民共和国行政处罚法》第五十五条的规定，你（单位）有义务如实回答本机关的询问，并协助本机关依法开展调查或检查，不得拒绝或者阻挠。

现通知你（单位）于___年___月___日到_____（承办机构）_____接受调查（询问），并携带以下资料：

一、身份证明材料

1. 被调查（询问）人是自然人的，携带身份证原件及复印件。

2. 被调查（询问）人是法人或者其他组织（包括个体工商户）的，携带单位营业执照（或组织机构代码证）、法定代表人的身份证原件及复印件和身份证明，委托他人接受询问的，还应当携带受托人身份证原件及复印件和授权委托书。

二、其他：_____

行政执法机关全称（印章）

年　月　日

联系人：_____　　　联系地址：_____

联系电话：_____　　邮政编码：_____

【制作指南】

调查（询问）通知书，是城市管理行政执法部门为查明案件事实，通知当事人或其他有关人员在一定时间内协助调查而使用的文书。

一、准确填写当事人的姓名或名称，并与身份证、营业执照等证明当事人主体资格的材料上保持一致。

二、案由按照"当事人姓名或名称＋涉嫌＋违法行为性质＋案"的格式填写。

三、明确调查（询问）的时间。

四、列明当事人接受调查（询问）时需要携带的相关材料。

五、有城市管理行政执法部门名称并加盖印章，同时注明作出文书的日期。

六、本文书一式两份，一份送达当事人，一份附卷归档，并与《送达回证》配套使用。

【法律依据】

1.《中华人民共和国行政处罚法》（2021 年 1 月 22 日）

第五十五条 执法人员在调查或者进行检查时，应当主动向当事人或者有关人员出示执法证件。当事人或者有关人员有权要求执法人员出示执法证件。执法人员不出示执法证件的，当事人或者有关人员有权拒绝接受调查或者检查。

当事人或者有关人员应当如实回答询问，并协助调查或者检查，不得拒绝或者阻挠。询问或者检查应当制作笔录。

2.《城市管理执法行为规范》（2018 年 9 月 5 日）

第十一条 城市管理执法人员应当依法、全面、客观、公正调查取证。

调查取证时，城市管理执法人员不得少于两人。

3. 调查（询问）笔录

调查（询问）笔录

时间：＿＿年＿＿月＿＿日＿＿时＿＿分至＿＿时＿＿分

地点：＿＿＿＿＿＿＿＿＿＿＿调查（询问）事由：＿＿＿＿＿＿＿＿＿

调查（询问）人：＿＿＿＿＿＿＿＿执法证件号：＿＿＿＿＿＿＿＿＿

＿＿＿＿＿＿＿＿执法证件号：＿＿＿＿＿＿＿＿＿

记　　录　　人：＿＿＿＿＿＿＿＿执法证件号：＿＿＿＿＿＿＿＿＿

翻译人员：＿＿＿＿＿＿＿＿＿

被调查（询问）人姓名：＿＿＿＿＿＿性别：＿＿＿＿民族：＿＿＿＿

国籍：＿＿＿＿＿＿＿出生年月：＿＿＿＿＿＿政治面貌：＿＿＿＿

文化程度：＿＿＿＿＿电话：＿＿＿＿＿＿＿与本案关系：＿＿＿＿

身份证或其他有效证件号：＿＿＿＿＿＿＿＿＿＿＿＿＿＿＿＿＿

工作单位或住址：＿＿＿＿＿＿＿＿＿＿＿＿＿＿＿＿＿＿＿＿＿

告知：我们是＿＿＿＿＿＿＿的行政执法人员（出示证件），根据《中华人民共和国行政处罚法》第五十五条的规定，依法进行调查。行政执法人员少于2人或身份与执法证件不符的，你有权拒绝调查询问；在接受调查（询问）之前，你有申请我们回避的权利；在调查（询问）过程中，你有陈述、申辩的权利；同时，你应当如实提供证据并协助调查，不得作伪证，否则将承担法律责任。你是否听清楚了？

答：听清楚了。＿＿＿＿＿＿＿＿＿＿＿＿＿＿＿＿＿＿＿＿＿＿

问：你是否申请回避？＿＿＿＿＿＿＿＿＿＿＿＿＿＿＿＿＿＿＿

答：＿＿＿＿＿＿＿＿＿＿＿＿＿＿＿＿＿＿＿＿＿＿＿＿＿＿＿

＿＿（采用一问一答方式进行）

被调查（询问）人签名：＿＿＿＿＿＿＿＿＿＿＿＿年＿＿月＿＿日

调查（询问）人签名：＿＿＿＿＿＿＿＿＿＿＿＿年＿＿月＿＿日

翻译人员签名：＿＿＿＿＿＿＿＿＿＿＿＿＿年＿＿月＿＿日

记录人签名：＿＿＿＿＿＿＿＿＿＿＿＿＿＿年＿＿月＿＿日

（笔录正文结束后应当写明"以下笔录无正文"。）

问：你是否有阅读能力，若阅读有困难，我们可以读给你听。请你仔细核对以上笔录，若笔录有误请指出来，我们将给予更正，若笔录与你说的一致，请你确认无误后在笔录上逐页签名按手印确认。

答：（紧接正文的最后一行应当注明"笔录上述内容已阅，记录与我说的相符。"或"以上笔录记载与本人口述无误"。）

被调查（询问）人签名：_____ ____年___月___日

调查（询问）人签名：_____ ____年___月___日

翻译人员签名：_____ ____年___月___日

记录人签名：_____ ____年___月___日

第　页共　页

【制作指南】

调查（询问）笔录，是城市管理行政执法部门为了查明案件事实、收集证据，向当事人以及其他知晓案件情况的人员调查了解情况的文书。

一、"时间"栏填写调查（询问）的起止时间，具体到分，并采用 24 小时制。凡进行 2 次以上询问的，第 2 次以后的询问笔录应当在笔录右上方空白处注明"第×次询问"。

二、"地点"栏填写调查（询问）的具体地点，注明具体门牌号或具体位置。

三、"调查（询问）人"栏填写调查（询问）人的姓名及执法证件号。调查（询问）人应当是 2 名及以上行政执法人员。

四、"记录人"栏填写记录人的姓名和执法证件号。记录人原则上是调查（询问）人中的 1 名人员。

五、写明被询问人的姓名、性别、民族、国籍、出生年月、政治面貌、文化程度、联系电话、身份证或者其他有效证件号码、工作单位或者住址，并注明与本案的关系。1 个询问笔录只针对 1 个被询问人，不能同时询问多人。如果当事人是代表单位的，应当写明被询问人在单位担任的职务。当事人有语言沟通障碍的，应当配有翻译人员。

六、询问采用一问一答方式进行，内容应当包括：

1. 首次询问当事人时，应当问明案件当事人的基本情况，当事人为自然人的，应当问明当事人姓名、出生年月、年龄、民族、工作单位、文化程度、身份证号码、住址和联系电话等内容；当事人为个体工商户的，在自然人的基础上根据具体案情问明字号名称、经营场所、社会信用代码（营业执照注册号）等内容；当事人为法人或其他组织的，应当问明单位的全称、法定代表人（负责人）姓名与职务、住所、企业类型、经营范围、社会信用代码（营业执照注册号）和联系电话等内容。

2. 询问采取一问一答方式，询问人提出一个问题后，应当要求被询问人回答，如被询问人不回答或拒绝回答的，应当注明。

3. 询问人的提问应当围绕查清可能涉嫌违法行为的事实进行，重点调查什么人，什么时间，什么地点，从事了什么行为，该行为是如何实施的，并造成了什么危害后果。记录人应当如实记录被询问人的回答，不得随意增删和更改。

七、询问结束后，应当要求被询问人核对笔录，被询问人发现笔录有误的，可以要求修改，并在修改处按手印确认或签名确认。修改内容不能遮盖原来记录的内容。被询问人要求作较大修改的，可以在笔录后另外书写并按手印或签名确认。

八、如被询问人拒绝按手印或签名的，应当注明情况，并由 2 名调查（询问）人员签名证实。

九、询问内容正文最后一行和被询问人的签名有较大空白部分时，应当填写"以下笔录无正文"。

十、笔录无需填写的部分划"/"处理。

十一、笔录右下角应当填写每页笔录的对应页码及笔录总页数。

【法律依据】

1. 《中华人民共和国行政处罚法》（2021 年 1 月 22 日）

第四十二条 行政处罚应当由具有行政执法资格的执法人员实施。执法人员不得少于两人，法律另有规定的除外。

执法人员应当文明执法，尊重和保护当事人合法权益。

第五十五条 执法人员在调查或者进行检查时，应当主动向当事人或者有关人员出示执法证件。当事人或者有关人员有权要求执法人员出示执法证件。执法人员不出示执法证件的，当事人或者有关人员有权拒绝接受调查或者检查。

当事人或者有关人员应当如实回答询问，并协助调查或者检查，不得拒绝或者阻挠。询问或者检查应当制作笔录。

2. 《城市管理执法行为规范》（2018 年 9 月 5 日）

第九条 城市管理执法人员应当采取文字、音像等方式对城市管理执法全过程进行记录，实现可回溯管理。

第十条 城市管理执法人员实施执法时，应当出示行政执法证件，告知行政相对人权利和义务。

第十一条 城市管理执法人员应当依法、全面、客观、公正调查取证。

调查取证时，城市管理执法人员不得少于两人。

4. 现场勘验（检查）笔录

现场勘验（检查）笔录

勘验（检查）时间：＿＿年＿＿月＿＿日＿＿时＿＿分至＿＿时＿＿分

勘验（检查）地点：＿＿＿＿＿＿＿＿＿＿＿天　　气：＿＿＿＿＿＿＿

勘验（检查）人：＿＿＿＿＿＿＿＿＿执法证件号：＿＿＿＿＿＿＿＿

　　　　　　　　＿＿＿＿＿＿＿＿＿执法证件号：＿＿＿＿＿＿＿＿

记　　录　　人：＿＿＿＿＿＿＿＿＿执法证件号：＿＿＿＿＿＿＿＿

被勘验（检查）人姓名或名称：＿＿＿＿＿＿＿＿＿＿＿＿＿＿＿＿＿＿

身份证号或统一社会信用代码：＿＿＿＿＿＿＿＿＿＿＿＿＿＿＿＿＿＿

住址或住所：＿＿＿＿＿＿＿＿＿＿＿＿联系电话：＿＿＿＿＿＿＿＿

现场负责人：＿＿＿＿＿＿＿＿身份证号：＿＿＿＿＿＿＿＿＿＿＿

职务：＿＿＿＿＿＿＿＿＿＿＿＿本案关系：＿＿＿＿＿＿＿＿＿＿＿

现场见证人：＿＿＿＿＿＿＿＿＿＿＿＿＿＿＿＿＿＿＿＿＿＿＿＿＿

　　表明身份及告知记录：我们是＿＿＿＿＿＿＿＿的行政执法人员（出示证件），现依法进行现场勘验（检查）。你（单位）享有以下权利：行政执法人员少于 2 人或者所出示的执法证件与其身份不符的，有权拒绝调查；依法享有申请回避以及陈述和申辩的权利。同时，你（单位）具有协助行政执法机关检查的义务。

　　经过现场勘验（检查），事项及结果记录如下：＿＿＿＿＿＿＿＿＿

＿＿＿＿＿＿＿＿＿＿＿＿＿＿＿＿＿＿＿＿＿＿＿＿＿＿＿＿＿＿＿＿

被勘验（检查）人签名：＿＿＿＿＿＿＿＿＿＿＿　＿＿年＿＿月＿＿日

勘验（检查）人签名：＿＿＿＿＿＿＿＿＿＿＿　＿＿年＿＿月＿＿日

记录人员签名：＿＿＿＿＿＿＿＿＿＿＿＿＿　＿＿年＿＿月＿＿日

现场见证人签名：＿＿＿＿＿＿＿＿＿＿＿＿　＿＿年＿＿月＿＿日

　　　　　　　　　　　　　　　　　　　　　　第　页共　页

附件：1. 现场情况示意图；

　　　2. 现场照片＿＿张；

3. 现场摄像　分钟；

4. 其他：_____。

（笔录尾页应当注明"上述笔录内容，记录属实"。）

被勘验（检查）人签名：_____　_____年___月___日

勘验（检查）人签名：_____、_____　_____年___月___日

记录人员签名：_____　_____年___月___日

现场见证人签名：_____　_____年___月___日

备注：

第　页　共　页

【制作指南】

现场勘验（检查）笔录，是城市管理行政执法部门对与涉嫌违法行为有关的物品、场所等进行勘验或者检查所作的文书。

一、"时间"栏填写实施勘验（检查）的起止时间，具体到分，并采用24小时制。

二、"地点"栏填写实施勘验（检查）的具体地点，注明具体门牌号或具体位置，其中对没有门牌号或地点情况复杂的应当选择好参照物，必要时可以绘图说明。

三、"勘验（检查）人"栏填写勘验（检查）人员的姓名及执法证件号。勘验（检查）人应当是2名及以上行政执法人员。

四、"记录人"栏填写记录人的姓名和执法证件号。记录人原则上是勘验（检查）人中的1名人员。

五、"被勘验（检查）人"相关栏目应当根据要求写明被勘验（检查）人的有关情况。

六、"现场负责人"相关栏目应当根据要求写明现场负责人的有关情况，并注明与被勘验（检查）人的关系。被勘验（检查）人为自然人的，现场负责人即为其本人，现场负责人处可不填写，划"/"处理。

七、"现场见证人"栏填写现场见证人的姓名、年龄、性别、身份证号、职业、联系电话等情况，并附有居民身份证复印件等证明证人身份的文件。

八、"勘验（检查）事项及结果"栏应当写明检查的过程、内容、范围、方式以及被检查人或被检查单位的有关人员是否到场等情况。现场绘制的勘验图、拍摄的照片和摄像等内容应当在笔录中注明。文书空白部分应当写明"以下笔录无正文"。

九、笔录无需填写的部分划"/"处理。

十、笔录应当交由当事人核实后签名确认，当事人拒绝签名或者不能签名的，应当注明；有证人在场的，应当请证人证明。

十一、笔录因书写错误需要修改的，应当将需修改处划去，在旁边空隙处书写正确的文字，修改处应当由相关人员按手印或签名确认。

十二、笔录右下角应当填写每页笔录的对应页码及笔录总页数。

【法律依据】

1.《中华人民共和国行政处罚法》（2021 年 1 月 22 日）

第四十二条 行政处罚应当由具有行政执法资格的执法人员实施。执法人员不得少于两人，法律另有规定的除外。

执法人员应当文明执法，尊重和保护当事人合法权益。

第四十五条 当事人有权进行陈述和申辩。行政机关必须充分听取当事人的意见，对当事人提出的事实、理由和证据，应当进行复核；当事人提出的事实、理由或者证据成立的，行政机关应当采纳。

行政机关不得因当事人陈述、申辩而给予更重的处罚。

第四十六条 证据包括：

（一）书证；

（二）物证；

（三）视听资料；

（四）电子数据；

（五）证人证言；

（六）当事人的陈述；

（七）鉴定意见；

（八）勘验笔录、现场笔录。

证据必须经查证属实，方可作为认定案件事实的根据。

以非法手段取得的证据，不得作为认定案件事实的根据。

第四十七条 行政机关应当依法以文字、音像等形式，对行政处罚的启动、调查取证、审核、决定、送达、执行等进行全过程记录，归档保存。

第五十五条 执法人员在调查或者进行检查时，应当主动向当事人或者有关人员出示执法证件。当事人或者有关人员有权要求执法人员出示执法证件。执法人员不出示执法证件的，当事人或者有关人员有权拒绝接受调查或者检查。

当事人或者有关人员应当如实回答询问，并协助调查或者检查，不得拒绝或者阻挠。询问或者检查应当制作笔录。

2.《城市管理执法办法》（2017 年 1 月 24 日）

第二十五条 城市管理执法主管部门依照法定程序开展执法活动，应当保障当事人依法享有的陈述、申辩、听证等权利。

3. 《**城市管理执法行为规范**》（2018 年 9 月 5 日）

第十条 城市管理执法人员实施执法时，应当出示行政执法证件，告知行政相对人权利和义务。

第十一条 城市管理执法人员应当依法、全面、客观、公正调查取证。

调查取证时，城市管理执法人员不得少于两人。

5. 现场勘验图

现 场 勘 验 图

(绘制的内容应当与现场勘验（检查）笔录一致，标注文字说明准确)	
绘制内容：	
绘制日期：	制作人：
当 事 人：	日　期：
见 证 人：	日　期：
勘 验 人：	日　期：
当事人联系地址：	联系电话：

【制作指南】

现场勘验图，是城市管理行政执法部门运用图示的方法对涉嫌违法行为发生的地点、环境、建筑、物品和遗留痕迹等所作的记录文书。现场勘验图既可作为现场勘验（检查）笔录的附件，也可单独作为文书使用。

一、勘验图右上应当标明方向标，箭头指向正北并注明字母"N"或汉字"北"，同时应当绘制道路、铁路、桥梁、永久性建筑等能反映出勘验现场的固定参照物。

二、绘制的内容应当与现场勘验（检查）笔录相一致，标注文字说明应当准确。

三、"绘制内容"栏应当写明勘验图所要说明的事项。

四、"绘制日期"栏应当填写年、月、日。

五、勘验图应当交由当事人核实后签名或盖章，当事人拒绝签名或者盖章的，由制作人在"当事人"栏注明，有证人在场的，应当请证人证明。

六、勘验人不少于 2 人，制作人为其中 1 人，勘验人和制作人应当分别予以签名，并注明日期。

【法律依据】

1. 《中华人民共和国行政处罚法》（2021 年 1 月 22 日）

第四十六条 证据包括：

（一）书证；

（二）物证；

（三）视听资料；

（四）电子数据；

（五）证人证言；

（六）当事人的陈述；

（七）鉴定意见；

（八）勘验笔录、现场笔录。

证据必须经查证属实，方可作为认定案件事实的根据。

以非法手段取得的证据，不得作为认定案件事实的根据。

第四十七条 行政机关应当依法以文字、音像等形式，对行政处罚的启动、调查取证、审核、决定、送达、执行等进行全过程记录，归档保存。

2. 《**城市管理执法办法**》（2017 年 1 月 24 日）

第二十七条 城市管理执法人员开展执法活动，可以依法采取以下措施：

（一）以勘验、拍照、录音、摄像等方式进行现场取证；

（二）在现场设置警示标志；

（三）询问案件当事人、证人等；

（四）查阅、调取、复制有关文件资料等；

（五）法律、法规规定的其他措施。

6. 现场照片及说明

现场照片及说明

（照片粘贴处）	
照片内容：	
拍摄地点：	拍摄人：
拍摄时间： 年 月 日 时 分	制作人：
当 事 人：	
见 证 人：	
行政执法人员：	执法证件号：
行政执法人员：	执法证件号：
当事人联系地址：	联系电话：
备 注：	

【制作指南】

现场照片，是城市管理行政执法部门用拍照的方式客观记录案件真实情况的文书。

一、现场照片应当客观反映正在实施违法行为或违法行为实施后现场基本情况，清晰、准确记录违法现场方位、周围环境及原始状态，记录物证所在部位、形状、大小及其相互之间的关系。

二、注明拍摄人员、拍摄时间、拍摄地点以及照片所反映的内容等。

三、现场照片应当交由当事人核实后签名确认，当事人拒绝签名或者不能签名的，应当注明；有证人在场的，应当请证人证明。

四、执法人员不少于 2 人，其中 1 人为拍摄人，2 人应当分别予以签名，并注明日期。

【法律依据】

1. **《中华人民共和国行政处罚法》**（2021 年 1 月 22 日）

第四十六条 证据包括：

（一）书证；

（二）物证；

（三）视听资料；

（四）电子数据；

（五）证人证言；

（六）当事人的陈述；

（七）鉴定意见；

（八）勘验笔录、现场笔录。

证据必须经查证属实，方可作为认定案件事实的根据。

以非法手段取得的证据，不得作为认定案件事实的根据。

第四十七条 行政机关应当依法以文字、音像等形式，对行政处罚的启动、调查取证、审核、决定、送达、执行等进行全过程记录，归档保存。

2. **《城市管理执法办法》**（2017 年 1 月 24 日）

第二十七条 城市管理执法人员开展执法活动，可以依法采取以下措施：

（一）以勘验、拍照、录音、摄像等方式进行现场取证；

（二）在现场设置警示标志；

（三）询问案件当事人、证人等；

（四）查阅、调取、复制有关文件资料等；

（五）法律、法规规定的其他措施。

7. 调取证据材料通知书

调取证据材料通知书

_____（ ）城调证通字〔   〕第   号

___（自然人姓名或单位名称）：

因调查_____（案由）_____一案的需要，根据《中华人民共和国行政处罚法》第五十五条、《城市管理执法办法》第二十七条等规定，请你（单位）将下列证据材料提供给本机关：

1. _____；
2. _____；
3. _____；
4. _____；
5. _____。

行政执法机关全称（印章）

年   月   日

联 系 人：_____   联系地址：_____

联系电话：_____   邮政编码：_____

【制作指南】

调取证据材料通知书，是城市管理行政执法部门在办理行政案件过程中，依法向有关单位和个人调取有关证据时制作的文书。

一、准确填写当事人的姓名或名称，并与身份证、营业执照等证明当事人主体资格的材料上保持一致。

二、案由按照"当事人姓名或名称＋涉嫌＋违法行为性质＋案"的格式填写。

三、横线处填写所需要调取证据材料的具体名称。

四、有城市管理行政执法部门名称并加盖印章，同时注明作出文书的日期。

五、本文书一式两份，一份送达当事人，一份附卷归档，并与《送达回证》配套使用。

【法律依据】

1. 《中华人民共和国行政处罚法》（2021年1月22日）

第五十五条 执法人员在调查或者进行检查时，应当主动向当事人或者有关人员出示执法证件。当事人或者有关人员有权要求执法人员出示执法证件。执法人员不出示执法证件的，当事人或者有关人员有权拒绝接受调查或者检查。

当事人或者有关人员应当如实回答询问，并协助调查或者检查，不得拒绝或者阻挠。询问或者检查应当制作笔录。

2. 《城市管理执法办法》（2017年1月24日）

第二十七条 城市管理执法人员开展执法活动，可以依法采取以下措施：

（一）以勘验、拍照、录音、摄像等方式进行现场取证；

（二）在现场设置警示标志；

（三）询问案件当事人、证人等；

（四）查阅、调取、复制有关文件资料等；

（五）法律、法规规定的其他措施。

8. 取证单

取　证　单

证据名称	
取证时间	
取证地点	证据提供人意见：
取证人 （执法证件号）	提供人签字或盖章：
提供人	

（证 据 粘 贴 处）　　　　　　　　　　加盖骑缝章

告知：

1. 如果属于当事人或者知情人（组织）提供的，提供人签字后表示已经确认本证据单上的证据材料是其提供的，保证所提供的证据材料以及所证明的事实是真实的，并承担相应的法律责任。

2. 本件非原件的，本件上应由原件持有人签字（盖章）确认与原件无误。

【制作指南】

取证单，是城市管理行政执法部门办理案件时，证明收集证据的合法性所使用的文书。

一、写明证据的具体名称、取证时间及地点。

二、取证人应当是行政执法人员，并填写执法证件号。

三、"提供人"栏填写提供、持有证据的自然人或单位的相关人员。

四、证据提供人应当在意见栏处写明"以下证据由本人（单位）提供，保证提供的材料及所反映的事实是真实的，如有作假愿承担相应法律责任"。

五、证据提供人应当签字确认，证据提供、持有单位应当同时加盖单位印章。

六、根据证据的数量，可多次使用《取证单》。

【法律依据】

1. 《中华人民共和国行政处罚法》（2021 年 1 月 22 日）

第四十六条 证据包括：

（一）书证；

（二）物证；

（三）视听资料；

（四）电子数据；

（五）证人证言；

（六）当事人的陈述；

（七）鉴定意见；

（八）勘验笔录、现场笔录。

证据必须经查证属实，方可作为认定案件事实的根据。

以非法手段取得的证据，不得作为认定案件事实的根据。

第四十七条 行政机关应当依法以文字、音像等形式，对行政处罚的启动、调查取证、审核、决定、送达、执行等进行全过程记录，归档保存。

第五十五条 执法人员在调查或者进行检查时，应当主动向当事人或者有关人员出示执法证件。当事人或者有关人员有权要求执法人员出示执法证件。执法人员不出示执法证件的，当事人或者有关人员有权拒绝接受调查或者检查。

当事人或者有关人员应当如实回答询问，并协助调查或者检查，不得拒绝或者阻挠。询问或者检查应当制作笔录。

2.《城市管理执法办法》（2017 年 1 月 24 日）

第二十七条　城市管理执法人员开展执法活动，可以依法采取以下措施：

（一）以勘验、拍照、录音、摄像等方式进行现场取证；

（二）在现场设置警示标志；

（三）询问案件当事人、证人等；

（四）查阅、调取、复制有关文件资料等；

（五）法律、法规规定的其他措施。

9. 抽样取证通知书

抽样取证通知书

_____ （ ）城抽通字〔 〕第 号

  （自然人姓名或单位名称） ：

因调查   （案由）   一案的需要，根据《中华人民共和国行政处罚法》第五十六条的规定，本机关决定对你（单位）的下列物品予以抽样取证。

附：抽样取证物品清单

编号	名称	数量/单位	规格	型号	备注

行政执法机关全称（印章）

年 月 日

联 系 人： _____   联系地址： _____

联系电话： _____   邮政编码： _____

【制作指南】

抽样取证通知书，是城市管理行政执法部门在案件查处过程中，为了查清案件的事实，抽取同类物品中的部分物品作为样品进行技术鉴定或者检验时使用的文书。

一、准确填写当事人的姓名或名称，并与身份证、营业执照等证明当事人主体资格的材料上保持一致。

二、案由按照"当事人姓名或名称+涉嫌+违法行为性质+案"的格式填写。

三、填写《抽样取证物品清单》，标明物品的名称、数量、规格、型号等信息。

四、有城市管理行政执法部门名称并加盖印章，同时注明作出文书的日期。

五、本文书一式三份，一份送达当事人，一份随抽样物品备查，一份附卷归档，并与《送达回证》配套使用。

【法律依据】

1.《中华人民共和国行政处罚法》（2021年1月22日）

第五十六条 行政机关在收集证据时，可以采取抽样取证的方法；在证据可能灭失或者以后难以取得的情况下，经行政机关负责人批准，可以先行登记保存，并应当在七日内及时作出处理决定，在此期间，当事人或者有关人员不得销毁或者转移证据。

2.《城市管理执法办法》（2017年1月24日）

第二十七条 城市管理执法人员开展执法活动，可以依法采取以下措施：

（一）以勘验、拍照、录音、摄像等方式进行现场取证；

（二）在现场设置警示标志；

（三）询问案件当事人、证人等；

（四）查阅、调取、复制有关文件资料等；

（五）法律、法规规定的其他措施。

10. 抽样取证物品处理通知书

抽样取证物品处理通知书

_____（ ）城抽处通字〔   〕第   号

___(自然人姓名或单位名称)___：

　　本机关于____年___月___日向你（单位）作出《抽样取证通知书》___(文号)___，进行了物品抽样取证。根据_____的规定，本机关对被抽样取证的物品作出以下处理：

　　附：抽样取证物品处理清单

编号	名称	数量/单位	规格	型号	处理意见	备注

行政执法机关全称（印章）

年　　月　　日

联 系 人：_____　　　联系地址：_____

联系电话：_____　　　邮政编码：_____

【制作指南】

抽样取证物品处理通知书，是城市管理行政执法部门在办理行政案件的过程中对抽取的样品进行处理而制作的文书。

一、准确填写当事人的姓名或名称，并与身份证、营业执照等证明当事人主体资格的材料上保持一致。

二、准确列明所依据的法律、法规或规章的全称及具体条款。

三、填写《抽样取证物品处理清单》，标明物品的名称、数量、规格、型号、处理意见等信息。

四、有城市管理行政执法部门名称并加盖印章，同时注明作出文书的日期。

五、本文书一式两份，一份送达当事人，一份附卷归档，并与《送达回证》配套使用。

【法律依据】

1. 《中华人民共和国行政处罚法》（2021 年 1 月 22 日）

第五十六条 行政机关在收集证据时，可以采取抽样取证的方法；在证据可能灭失或者以后难以取得的情况下，经行政机关负责人批准，可以先行登记保存，并应当在七日内及时作出处理决定，在此期间，当事人或者有关人员不得销毁或者转移证据。

2. 《城市管理执法办法》（2017 年 1 月 24 日）

第二十七条 城市管理执法人员开展执法活动，可以依法采取以下措施：

（一）以勘验、拍照、录音、摄像等方式进行现场取证；

（二）在现场设置警示标志；

（三）询问案件当事人、证人等；

（四）查阅、调取、复制有关文件资料等；

（五）法律、法规规定的其他措施。

11. 现场证据先行登记保存笔录

现场证据先行登记保存笔录

时间：____年____月____日____时____分 天气：_____

地点：_____ 案由：_____

行政执法人员：_____ 执法证件号：_____

_____ 执法证件号：_____

记 录 人：_____ 执法证件号：_____

当 事 人：_____

法定代表人或负责人：_____

现场见证人：_____

告知：我们是_____的行政执法人员（出示证件），因_____

_____（案由）_____一案，现根据《中华人民共和国行政处罚法》第五十六

条的规定，对作为本案证据的_____（物品名称）_____（数量）

_____（规格）_____（型号）_____采取先行登记保存措施。上述事

项，听明白了吗?_____

当事人：听明白了。_____

告知：现行政执法人员依法对涉案物品采取证据先行登记保存措施，请当事

人以及相关人员予以配合。_____

（以下笔录无正文）_____

_____

（笔录尾页应当注明"上述笔录内容，记录属实"。）

当事人签名：_____ ____年____月____日

现场见证人签名：_____ ____年____月____日

行政执法人员签名：_____、_____ ____年____月____日

记录人签名：_____ ____年____月____日

备注：

第　页共　页

【制作指南】

现场证据先行登记保存笔录，是城市管理行政执法部门在调查取证的过程中，对可能灭失或以后难以取得的证据采取现场控制和保全措施时所制作的文书。

一、"时间"栏填写现场证据先行登记保存的时间，具体到分，并采用24小时制。

二、"地点"栏填写现场证据先行登记保存的具体地点，注明具体门牌号或具体位置，其中对没有门牌号或地点情况复杂的应当选择好参照物，必要时可以绘图说明。

三、"案由"栏按照"当事人姓名或名称+涉嫌+违法行为性质+案"的格式填写。

四、"行政执法人员"栏填写参加现场证据先行登记保存行政执法人员的姓名及执法证件号。采取证据先行登记保存措施时应当有2名及以上人员在场。

五、"记录人"栏填写记录人的姓名和执法证件号。记录人原则上是实施现场证据先行登记保存措施人中的1名人员。

六、"当事人"栏填写被采取先行登记保存措施的证据持有人的有关情况如姓名、名称、地址，其中当事人姓名或名称应当与身份证、营业执照等证明当事人主体资格的材料上保持一致。

七、"现场见证人"栏填写现场见证人的姓名、年龄、性别、身份证号、职业、联系电话等情况，并附有居民身份证复印件等证明证人身份的文件。

八、现场登记保存的证据应当据实记录物品名称、数量、规格、型号等信息，与《证据先行登记保存通知书》所附先行登记保存证据清单登记的内容保持一致。

九、笔录无需填写的部分划"/"处理。

十、笔录应当交由当事人核实后签名确认，当事人拒绝签名或者不能签名的，应当注明；有证人在场的，应当请证人证明。

十一、笔录因书写错误需要修改的，应当将需修改处划去，在旁边空隙处书写正确的文字，修改处应当由相关人员按手印或签名确认。

十二、笔录右下角应当填写每页笔录的对应页码及笔录总页数。

【法律依据】

1. **《中华人民共和国行政处罚法》**（2021 年 1 月 22 日）

第五十六条 行政机关在收集证据时，可以采取抽样取证的方法；在证据可能灭失或者以后难以取得的情况下，经行政机关负责人批准，可以先行登记保存，并应当在七日内及时作出处理决定，在此期间，当事人或者有关人员不得销毁或者转移证据。

2. **《城市管理执法行为规范》**（2018 年 9 月 5 日）

第十二条 城市管理执法人员应当依法实施证据先行登记保存或查封场所设施、扣押财物。

对先行登记保存或扣押的财物，城市管理执法人员应当妥善保管，不得使用、截留、损毁或者擅自处置。

12. 先行登记保存证据通知书

先行登记保存证据通知书

_____（ ）城登存通字〔   〕第   号

___(自然人姓名或单位名称)___：

　　因你（单位）_____的行为，涉嫌违反了_____的规定。为防止证据灭失或以后难以取得，根据《中华人民共和国行政处罚法》第五十六条的规定，本机关决定对下列物品予以先行登记保存，保存期限自____年____月____日至____年____月____日。在此期间，不得损毁、销毁或转移证据。本机关将在 7 日内对先行登记保存的证据依法作出处理决定，逾期未作出处理决定的，先行登记保存措施自动解除。

　　附：先行登记保存证据清单

编号	名称	数量/单位	规格	型号	备注

行政执法机关全称（印章）

年　　月　　日

联　系　人：_____　　联系地址：_____

联系电话：_____　　邮政编码：_____

【制作指南】

先行登记保存证据通知书，是城市管理行政执法部门在调查取证的过程中，对可能灭失或以后难以取得的证据采取控制和保全措施时所使用的文书。

一、准确填写当事人的姓名或名称，并与身份证、营业执照等证明当事人主体资格的材料上保持一致。

二、写明涉嫌违法行为当事人实施具体行为的时间、地点、具体事项。

三、准确列明所依据的法律、法规或规章的全称及具体条款。

四、明确先行登记保存证据的期限。

五、填写《先行登记保存证据清单》，标明物品的名称、数量、规格、型号等信息。

六、有城市管理行政执法部门名称并加盖印章，同时注明作出文书的日期。

七、本文书一式三份，一份送达当事人，一份随登记保存的证据物品备查，一份附卷归档，并与《送达回证》配套使用。

【法律依据】

1. 《中华人民共和国行政处罚法》（2021 年 1 月 22 日）

第五十六条 行政机关在收集证据时，可以采取抽样取证的方法；在证据可能灭失或者以后难以取得的情况下，经行政机关负责人批准，可以先行登记保存，并应当在七日内及时作出处理决定，在此期间，当事人或者有关人员不得销毁或者转移证据。

2. 《城市管理执法行为规范》（2018 年 9 月 5 日）

第十二条 城市管理执法人员应当依法实施证据先行登记保存或查封场所设施、扣押财物。

对先行登记保存或扣押的财物，城市管理执法人员应当妥善保管，不得使用、截留、损毁或者擅自处置。

13. 先行登记保存证据处理通知书

先行登记保存证据处理通知书

_____（ ）城登存处通字〔　　　〕第　　号

___（自然人姓名或单位名称）___：

　　本机关于___年___月___日向你（单位）作出《先行登记保存证据通知书》（文号），对_____（先行登记保存证据名称）_____等证据进行先行登记保存。

　　根据《中华人民共和国行政处罚法》第五十六条的规定，决定对《先行登记保存证据通知书》载明的物品作如下处理：□解除（于___（时间）___前到___（地点）___取回，逾期未取回的，本机关将依法处置）　□检验或鉴定　□移送　□其他_____。

　　附：先行登记保存证据处理清单

编号	名称	数量/单位	规格	型号	备注

行政执法机关全称（印章）

年　　月　　日

联 系 人：_____　　联系地址：_____
联系电话：_____　　邮政编码：_____

【制作指南】

先行登记保存证据处理通知书，是城市管理行政执法部门在办理案件的过程中，依法对有关先行登记保存的证据物品作出处理时制作的文书。

一、准确填写当事人的姓名或名称，并与身份证、营业执照等证明当事人主体资格的材料上保持一致。

二、根据物品不同处理情况，从解除、检验或鉴定、移送或其他方式中勾选处理意见，若勾选其他方式的，应当将所用处理方式填写完整。如同时有多种处理方式的可多选，并在《先行登记保存证据处理清单》"备注"一栏中注明具体处理方式。

三、填写《先行登记保存证据处理清单》，标明物品的名称、数量、规格、型号等信息。

四、有城市管理行政执法部门名称并加盖印章，同时注明作出文书的日期。

五、本文书一式三份，一份送达当事人，一份交证据物品保管人，一份附卷归档，并与《送达回证》配套使用。

【法律依据】

1. 《中华人民共和国行政处罚法》（2021 年 1 月 22 日）

第五十六条 行政机关在收集证据时，可以采取抽样取证的方法；在证据可能灭失或者以后难以取得的情况下，经行政机关负责人批准，可以先行登记保存，并应当在七日内及时作出处理决定，在此期间，当事人或者有关人员不得销毁或者转移证据。

2. 《城市管理执法行为规范》（2018 年 9 月 5 日）

第十二条 城市管理执法人员应当依法实施证据先行登记保存或查封场所设施、扣押财物。

对先行登记保存或扣押的财物，城市管理执法人员应当妥善保管，不得使用、截留、损毁或者擅自处置。

14. 查封（扣押）决定书

查封（扣押）决定书

_____（ ）城查（扣）决字〔 〕第 号

当事人：(姓名或名称)_____

地　　址：(住址或住所)_____

　　因你（单位）_____的行为，涉嫌违反了_____的规定。

　　根据《中华人民共和国行政强制法》第二十二条至第二十八条等规定，对本决定书附件所列的有关场所、设施或物品予以查封（扣押）。查封（扣押）期限自___年___月___日至___年___月___日止。如因检测、检验、检疫或者技术鉴定需要顺延期限的，或因情况复杂依法需要延长期限的，本机关将依法作出延期决定。在查封（扣押）期限内，不得损毁、销毁或转移。

　　如你（单位）不服本决定，可以在收到本决定书之日起60日内向_____
_____申请行政复议；也可以在6个月内直接向_____人民法院提起行政诉讼。

　　附：查封（扣押）清单

行政执法机关全称（印章）
年　　月　　日

联　系　人：_____　　联系地址：_____
联系电话：_____　　邮政编码：_____

查封（扣押）清单

编号	名称	数量/单位	规格	型号	备注

【制作指南】

查封（扣押）决定书，是城市管理行政执法部门依法对案件涉及到的自然人、法人或其他组织所有或占有的有关场所、设施或物品实施查封（扣押）行政强制措施时制作的文书。

一、准确填写当事人的姓名或名称，并与身份证、营业执照等证明当事人主体资格的材料上保持一致。

二、写明涉嫌违法行为当事人实施具体行为的时间、地点、具体事项。

三、准确列明所依据的法律、法规或规章的全称及具体条款。

四、告知当事人申请行政复议的具体行政复议机关名称或者提起行政诉讼的具体人民法院名称以及申请行政复议或者提起行政诉讼期限。

五、填写《查封（扣押）清单》，标明物品的名称、数量、规格、型号等信息。

六、有城市管理行政执法部门名称并加盖印章，同时注明作出文书的日期。

七、本文书一式两份，一份送达当事人，一份附卷归档，并与《送达回证》配套使用。

【法律依据】

1. 《中华人民共和国行政强制法》（2011 年 6 月 30 日）

第二十二条 查封、扣押应当由法律、法规规定的行政机关实施，其他任何行政机关或者组织不得实施。

第二十三条 查封、扣押限于涉案的场所、设施或者财物，不得查封、扣押与违法行为无关的场所、设施或者财物；不得查封、扣押公民个人及其所扶养家属的生活必需品。

当事人的场所、设施或者财物已被其他国家机关依法查封的，不得重复查封。

第二十四条 行政机关决定实施查封、扣押的，应当履行本法第十八条规定的程序，制作并当场交付查封、扣押决定书和清单。

查封、扣押决定书应当载明下列事项：

（一）当事人的姓名或者名称、地址；

（二）查封、扣押的理由、依据和期限；

（三）查封、扣押场所、设施或者财物的名称、数量等；

（四）申请行政复议或者提起行政诉讼的途径和期限；

（五）行政机关的名称、印章和日期。

查封、扣押清单一式二份，由当事人和行政机关分别保存。

第二十五条 查封、扣押的期限不得超过三十日；情况复杂的，经行政机关负责人批准，可以延长，但是延长期限不得超过三十日。法律、行政法规另有规定的除外。

延长查封、扣押的决定应当及时书面告知当事人，并说明理由。

对物品需要进行检测、检验、检疫或者技术鉴定的，查封、扣押的期间不包括检测、检验、检疫或者技术鉴定的期间。检测、检验、检疫或者技术鉴定的期间应当明确，并书面告知当事人。检测、检验、检疫或者技术鉴定的费用由行政机关承担。

第二十六条 对查封、扣押的场所、设施或者财物，行政机关应当妥善保管，不得使用或者损毁；造成损失的，应当承担赔偿责任。

对查封的场所、设施或者财物，行政机关可以委托第三人保管，第三人不得损毁或者擅自转移、处置。因第三人的原因造成的损失，行政机关先行赔付后，有权向第三人追偿。

因查封、扣押发生的保管费用由行政机关承担。

第二十七条 行政机关采取查封、扣押措施后，应当及时查清事实，在本法第二十五条规定的期限内作出处理决定。对违法事实清楚，依法应当没收的非法财物予以没收；法律、行政法规规定应当销毁的，依法销毁；应当解除查封、扣押的，作出解除查封、扣押的决定。

第二十八条 有下列情形之一的，行政机关应当及时作出解除查封、扣押决定：

（一）当事人没有违法行为；

（二）查封、扣押的场所、设施或者财物与违法行为无关；

（三）行政机关对违法行为已经作出处理决定，不再需要查封、扣押；

（四）查封、扣押期限已经届满；

（五）其他不再需要采取查封、扣押措施的情形。

解除查封、扣押应当立即退还财物；已将鲜活物品或者其他不易保管的财物拍卖或者变卖的，退还拍卖或者变卖所得款项。变卖价格明显低于市场价格，给当事人造成损失的，应当给予补偿。

2.《**城市管理执法行为规范**》（2018 年 9 月 5 日）

第十二条 城市管理执法人员应当依法实施证据先行登记保存或查封场所设施、扣押财物。

对先行登记保存或扣押的财物，城市管理执法人员应当妥善保管，不得使用、截留、损毁或者擅自处置。

15. 延长查封（扣押）期限决定书

延长查封（扣押）期限决定书

_____（ ）城延查（扣）决字〔   〕第   号

当事人：(姓名或名称)_____

地　址：(住址或住所)_____

　　因你（单位）涉嫌_____的违法行为，本机关于___年___月___日向你（单位）作出《查封（扣押）决定书》（文号），对你（单位）的有关场所、设施或物品实施了查封（扣押）。

　　现因_____（具体理由）_____，根据《中华人民共和国行政强制法》第二十五条的规定，决定延长查封（扣押）期限_____日（延长时间自___年___月___日至___年___月___日止）。

　　如你（单位）不服本决定，可以在收到本决定书之日起60日内向_____申请行政复议；也可以在6个月内直接向_____人民法院提起行政诉讼。

行政执法机关全称（印章）

年　　月　　日

联 系 人：_____　　联系地址：_____

联系电话：_____　　邮政编码：_____

【制作指南】

延长查封（扣押）期限决定书，是城市管理行政执法部门对涉案的场所、设施或物品继续维持查封（扣押）状态时，依法作出延长查封（扣押）期限决定时而制作的文书。

一、准确填写当事人的姓名或名称，并与身份证、营业执照等证明当事人主体资格的材料上保持一致。

二、写明涉嫌违法行为当事人实施具体行为的时间、地点、具体事项。

三、写明延长查封（扣押）时间的理由、具体期限。

四、告知当事人其依法享有的行政复议、行政诉讼权及受理的具体部门和期限。

五、有城市管理行政执法部门名称并加盖印章，同时注明作出文书的日期。

六、本文书一式两份，一份送达当事人，一份附卷归档，并与《送达回证》配套使用。

【法律依据】

1.《中华人民共和国行政强制法》（2011 年 6 月 30 日）

第二十五条 查封、扣押的期限不得超过三十日；情况复杂的，经行政机关负责人批准，可以延长，但是延长期限不得超过三十日。法律、行政法规另有规定的除外。

延长查封、扣押的决定应当及时书面告知当事人，并说明理由。

对物品需要进行检测、检验、检疫或者技术鉴定的，查封、扣押的期间不包括检测、检验、检疫或者技术鉴定的期间。检测、检验、检疫或者技术鉴定的期间应当明确，并书面告知当事人。检测、检验、检疫或者技术鉴定的费用由行政机关承担。

2.《城市管理执法行为规范》（2018 年 9 月 5 日）

第十二条 城市管理执法人员应当依法实施证据先行登记保存或查封场所设施、扣押财物。

对先行登记保存或扣押的财物，城市管理执法人员应当妥善保管，不得使用、截留、损毁或者擅自处置。

16. 鉴定（检测、检验、检疫）期限告知书

鉴定（检测、检验、检疫）期限告知书

_____（ ）城鉴（检）告字〔   〕第   号

___（自然人姓名或单位名称）___：

本机关于____年____月____日，作出了《查封（扣押）决定书》（文号），对你（单位）_____（查封或者扣押标的物）_____实施了查封（扣押）行政强制措施。现需对查封（扣押）的物品进行____（检测/检验/检疫/技术鉴定）____，期间自____年____月____日至____年____月____日止。根据《中华人民共和国行政强制法》第二十五条的规定，查封、扣押期间不包括检测、检验、检疫或者技术鉴定的期间，查封（扣押）期限相应顺延。

行政执法机关全称（印章）

年   月   日

联系人：_____   联系地址：_____
联系电话：_____   邮政编码：_____

【制作指南】

鉴定（检测、检验、检疫）期限告知书，是城市管理行政执法部门需要对查封、扣押的物品进行检测、检验、检疫、技术鉴定时，就查封（扣押）期限相应顺延告知当事人制作的文书。

一、准确填写当事人的姓名或名称，并与身份证、营业执照等证明当事人主体资格的材料上保持一致。

二、填写作出查封（扣押）决定的时间以及查封或者扣押的标的物。

三、写明鉴定（检测、检验、检疫）期间。

四、有城市管理行政执法部门名称并加盖印章，同时注明作出文书的日期。

五、本文书一式两份，一份送达当事人，一份附卷归档，并与《送达回证》配套使用。

【法律依据】

1.《中华人民共和国行政强制法》（2011 年 6 月 30 日）

第二十五条 查封、扣押的期限不得超过三十日；情况复杂的，经行政机关负责人批准，可以延长，但是延长期限不得超过三十日。法律、行政法规另有规定的除外。

延长查封、扣押的决定应当及时书面告知当事人，并说明理由。

对物品需要进行检测、检验、检疫或者技术鉴定的，查封、扣押的期间不包括检测、检验、检疫或者技术鉴定的期间。检测、检验、检疫或者技术鉴定的期间应当明确，并书面告知当事人。检测、检验、检疫或者技术鉴定的费用由行政机关承担。

2.《城市管理执法办法》（2017 年 1 月 24 日）

第二十四条 城市管理执法需要实施鉴定、检验、检测的，城市管理执法主管部门可以开展鉴定、检验、检测，或者按照有关规定委托第三方实施。

17. 查封（扣押）物品移送告知书

查封（扣押）物品移送告知书

_____（ ）城查（扣）移告字〔   〕第   号

___（自然人姓名或单位名称）___ ：

你（单位）_____（案由）_____一案，本机关已于___年___月___日依法移送___（被移送机关名称）___处理。

依据___（查封（扣押）决定书及文号）___实施查封（扣押）的___（物品）___也一并移送。

行政执法机关全称（印章）

年   月   日

联 系 人：_____　　联系地址：_____

联系电话：_____　　邮政编码：_____

【制作指南】

查封（扣押）物品移送告知书，是城市管理行政执法部门依法将涉案查封（扣押）物品以及案件有关的其他材料移送其他有权机关，并书面告知当事人时使用的文书。

一、准确填写当事人的姓名或名称，并与身份证、营业执照等证明当事人主体资格的材料上保持一致。

二、案由按照"当事人姓名或名称＋涉嫌＋违法行为性质＋案"的格式填写。

三、写明查封（扣押）物品被移送的机关名称。

四、填写采取查封（扣押）的决定书、文号，有关物品名称。

五、有城市管理行政执法部门名称并加盖印章，同时注明作出文书的日期。

六、本文书一式两份，一份送达当事人，一份附卷归档，并与《送达回证》配套使用。

【法律依据】

《中华人民共和国行政强制法》（2011 年 6 月 30 日）

第二十五条 查封、扣押的期限不得超过三十日；情况复杂的，经行政机关负责人批准，可以延长，但是延长期限不得超过三十日。法律、行政法规另有规定的除外。

延长查封、扣押的决定应当及时书面告知当事人，并说明理由。

对物品需要进行检测、检验、检疫或者技术鉴定的，查封、扣押的期间不包括检测、检验、检疫或者技术鉴定的期间。检测、检验、检疫或者技术鉴定的期间应当明确，并书面告知当事人。检测、检验、检疫或者技术鉴定的费用由行政机关承担。

18. 查封（扣押）现场笔录

查封（扣押）现场笔录

实施事由：＿＿＿＿＿＿＿＿＿＿＿＿＿＿＿＿＿＿＿＿＿＿＿

实施时间：＿＿年＿＿月＿＿日＿＿时＿＿分至＿＿时＿＿分

实施地点：＿＿＿＿＿＿＿＿＿＿＿＿天气：＿＿＿＿＿＿＿＿

行政执法人员：＿＿＿＿＿＿＿＿＿＿执法证件号：＿＿＿＿＿＿＿

＿＿＿＿＿＿＿＿＿＿执法证件号：＿＿＿＿＿＿＿

记　录　人：＿＿＿＿＿＿＿＿＿＿执法证件号：＿＿＿＿＿＿＿

当　事　人：＿＿＿＿＿＿＿＿＿＿法定代表人或负责人：＿＿＿＿＿

住所（住址）：＿＿＿＿＿＿＿＿＿＿联系电话：＿＿＿＿＿＿＿＿

现场见证人：＿＿＿＿＿＿＿＿＿＿＿＿＿＿＿＿＿＿＿＿＿＿＿

一、现场情况及告知事项：

对当事人涉嫌＿＿＿＿＿＿＿＿的行为，行政执法人员依法实施查封（扣押）。

□1. 当事人在现场，行政执法人员向当事人：

（1）出示行政执法证件；

（2）告知采取查封（扣押）的理由是＿＿＿＿（具体理由）＿＿＿＿，根据＿＿＿＿＿＿＿＿＿＿＿＿＿＿＿＿＿＿＿＿＿的规定；

（3）告知对采取的查封（扣押）如有异议的，可以进行陈述、申辩；

（4）告知如对本查封（扣押）不服，可以在收到决定书之日起60日内向＿＿＿＿＿＿申请行政复议，也可以在收到决定书之日起6个月内直接向＿＿＿＿＿＿人民法院提起诉讼。

当事人（法定代表人或负责人）：＿＿＿＿＿＿＿＿年＿＿月＿＿日

现场见证人：＿＿＿＿＿＿＿＿＿＿＿＿＿年＿＿月＿＿日

行政执法人员签名：＿＿＿＿＿＿、＿＿＿＿＿＿年＿＿月＿＿日

第　页共　页

□2. 当事人不在现场：

行政执法人员邀请现场见证人____(见证人姓名)____到场，并出示行政执法证件。

二、当事人的陈述、申辩情况：

□当事人未进行陈述、申辩。

□当事人进行了陈述、申辩，称：____(陈述、申辩的具体内容)____

_____。

三、现场处理情况：

□行政执法人员听取当事人的陈述、申辩后，认为_____。

□行政执法人员对____(场所、设施、财物的名称、数量等)____实施了查封（扣押）。

□行政执法人员作出了____(查封（扣押）决定文书名称和文号)____，并交由_____签名确认。

□行政执法人员当场向当事人交付上述____(查封（扣押）决定文书名称)____。

□行政执法人员对实施查封（扣押）的过程进行了拍摄。

□_____

_____

_____

(笔录末页注明"上述笔录内容，记录属实")_____。

当事人（法定代表人或负责人）：_____　____年___月___日

现场见证人：_____　____年___月___日

行政执法人员签名：_____、_____　____年___月___日

备注：

第　页共　页

【制作指南】

查封（扣押）现场笔录，是城市管理行政执法部门依法对实施查封（扣押）的现场情况予以记录的文书。

一、"时间"栏填写实施查封（扣押）的起止时间，具体到分，并采用24小时制。

二、"地点"栏填写实施查封（扣押）的具体地点，注明具体门牌号或具体位置，其中对没有门牌号或地点情况复杂的应当选择好参照物，必要时可以绘图说明。

三、"行政执法人员"栏写明参与实施查封（扣押）的行政执法人员的姓名及执法证件号。实施查封（扣押）时应当有2名及以上人员在场。

四、"记录人"栏填写记录人的姓名和执法证件号。记录人原则上是实施查封（扣押）人中的1名人员。

五、"当事人"栏填写被查封（扣押）人的有关情况如姓名、名称、地址，其中当事人姓名或名称应当与身份证、营业执照等证明当事人主体资格的材料上保持一致。

六、"现场见证人"栏填写现场见证人的姓名、年龄、性别、身份证号、职业、联系电话等情况，并附有居民身份证复印件等证明证人身份的文件。

七、笔录无需填写的部分划"/"处理。

八、笔录应当交由当事人核实后签名确认，当事人拒绝签名或者不能签名的，应当注明；有证人在场的，应当请证人证明。

九、笔录因书写错误需要修改的，应当将需修改处划去，在旁边空隙处书写正确的文字，修改处应当由相关人员按手印或签名确认。

十、在笔录每页的右下角填写每页笔录的对应页码及笔录总页数。

【法律依据】

1.《中华人民共和国行政强制法》（2011年6月30日）

第八条 公民、法人或者其他组织对行政机关实施行政强制，享有陈述权、申辩权；有权依法申请行政复议或者提起行政诉讼；因行政机关违法实施行政强制受到损害的，有权依法要求赔偿。

公民、法人或者其他组织因人民法院在强制执行中有违法行为或者扩大强制执行范围受到损害的，有权依法要求赔偿。

第十八条 行政机关实施行政强制措施应当遵守下列规定：

（一）实施前须向行政机关负责人报告并经批准；

（二）由两名以上行政执法人员实施；

（三）出示执法身份证件；

（四）通知当事人到场；

（五）当场告知当事人采取行政强制措施的理由、依据以及当事人依法享有的权利、救济途径；

（六）听取当事人的陈述和申辩；

（七）制作现场笔录；

（八）现场笔录由当事人和行政执法人员签名或者盖章，当事人拒绝的，在笔录中予以注明；

（九）当事人不到场的，邀请见证人到场，由见证人和行政执法人员在现场笔录上签名或者盖章；

（十）法律、法规规定的其他程序。

第二十四条 行政机关决定实施查封、扣押的，应当履行本法第十八条规定的程序，制作并当场交付查封、扣押决定书和清单。

查封、扣押决定书应当载明下列事项：

（一）当事人的姓名或者名称、地址；

（二）查封、扣押的理由、依据和期限；

（三）查封、扣押场所、设施或者财物的名称、数量等；

（四）申请行政复议或者提起行政诉讼的途径和期限；

（五）行政机关的名称、印章和日期。

查封、扣押清单一式二份，由当事人和行政机关分别保存。

2.《城市管理执法办法》（2017 年 1 月 24 日）

第二十五条 城市管理执法主管部门依照法定程序开展执法活动，应当保障当事人依法享有的陈述、申辩、听证等权利。

19. 解除查封（扣押）决定书

解除查封（扣押）决定书

_____（　）城解查（扣）决字〔　　　〕第　　号

当事人：(姓名或名称)_____

地　　址：(住址或住所)_____

　　因你（单位）涉嫌_____的违法行为，本机关于____年____月____日，向你（单位）作出__《查封（扣押）决定书》（文号）__，对你（单位）有关场所、设施或物品予以查封（扣押）。

　　根据《中华人民共和国行政强制法》第二十八条的规定，决定解除对相应场所、设施或物品的查封（扣押）。你（单位）于____年____月____日前到__(具体地点)__取回。逾期不取回的，本机关将依法予以处置。

　　如你（单位）不服本决定，可以在收到本决定书之日起60日内向_____申请行政复议；也可以在6个月内直接向_____人民法院提起行政诉讼。

　　附：解除查封（扣押）清单

行政执法机关全称（印章）

年　　月　　日

联系人：_____　　　联系地址：_____

联系电话：_____　　　邮政编码：_____

解除查封（扣押）清单

编号	名称	数量	规格	型号	备注

【制作指南】

解除查封（扣押）决定书，是城市管理行政执法部门对实施的查封（扣押）予以全部或部分解除时制作的文书。

一、准确填写当事人的姓名或名称，并与身份证、营业执照等证明当事人主体资格的材料上保持一致。

二、写明涉嫌违法行为当事人实施具体行为的时间、地点、具体事项。

三、有查封（扣押）的文书名称、文号和作出日期，若延长查封（扣押）期限的还需写明延长决定的文书名称、文号和作出日期。

四、准确列明所依据的法律、法规或规章的全称及具体条款。

五、写明解除查封（扣押）措施的起始日期和具体地点。

六、告知当事人其依法享有的行政复议、行政诉讼权及受理的具体部门和期限。

七、有城市管理行政执法部门名称并加盖印章，同时注明作出文书的日期。

八、本文书一式两份，一份送达当事人，一份附卷归档，并与《送达回证》配套使用。

【法律依据】

《中华人民共和国行政强制法》（2011 年 6 月 30 日）

第二十七条 行政机关采取查封、扣押措施后，应当及时查清事实，在本法第二十五条规定的期限内作出处理决定。对违法事实清楚，依法应当没收的非法财物予以没收；法律、行政法规规定应当销毁的，依法销毁；应当解除查封、扣押的，作出解除查封、扣押的决定。

第二十八条 有下列情形之一的，行政机关应当及时作出解除查封、扣押决定：

（一）当事人没有违法行为；

（二）查封、扣押的场所、设施或者财物与违法行为无关；

（三）行政机关对违法行为已经作出处理决定，不再需要查封、扣押；

（四）查封、扣押期限已经届满；

（五）其他不再需要采取查封、扣押措施的情形。

解除查封、扣押应当立即退还财物；已将鲜活物品或者其他不易保管的财物拍卖或者变卖的，退还拍卖或者变卖所得款项。变卖价格明显低于市场价格，给当事人造成损失的，应当给予补偿。

20. 责令停止（改正）违法行为通知书

责令停止（改正）违法行为通知书

_____ （ ）城责停（改）通字〔   〕第   号

____(自然人姓名或单位名称)____：

因你（单位）涉嫌_____的行为，违反_____的规定。根据_____的规定，现责令你（单位）：

□立即停止违法行为；

□立即停止违法行为，并于____年____月____日前改正。具体改正内容及要求如下：_____。

行政执法机关全称（印章）

年   月   日

联 系 人：_____   联系地址：_____

联系电话：_____   邮政编码：_____

【制作指南】

责令停止（改正）违法行为通知书，是城市管理行政执法部门依法责令违法行为人立即停止违法行为或限期改正的文书。

一、准确填写当事人的姓名或名称，并与身份证、营业执照等证明当事人主体资格的材料上保持一致。

二、写明涉嫌违法行为当事人实施具体行为的时间、地点、具体事项。

三、准确列明所依据的法律、法规或规章的全称及具体条款。

四、责令改正的具体内容应当是针对当事人违法行为提出的具体整改意见，如自行拆除、恢复原状等，不能笼统写为"责令改正违法行为"。

五、有城市管理行政执法部门名称并加盖印章，同时注明作出文书的日期。

六、本文书一式两份，一份送达当事人，一份附卷归档，并与《送达回证》配套使用。

【法律依据】

《中华人民共和国行政处罚法》（2021 年 1 月 22 日）

第九条 行政处罚的种类：

（一）警告、通报批评；

（二）罚款、没收违法所得、没收非法财物；

（三）暂扣许可证件、降低资质等级、吊销许可证件；

（四）限制开展生产经营活动、责令停产停业、责令关闭、限制从业；

（五）行政拘留；

（六）法律、行政法规规定的其他行政处罚。

第二十八条 行政机关实施行政处罚时，应当责令当事人改正或者限期改正违法行为。

当事人有违法所得，除依法应当退赔的外，应当予以没收。违法所得是指实施违法行为所取得的款项。法律、行政法规、部门规章对违法所得的计算另有规定的，从其规定。

21. 责令改正情况复查记录

责令改正情况复查记录

当 事 人	
复查时间	
复查地点	
现场复查情况：	
现场复查照片	
当事人签名：	
现场见证人签名：	
行政执法人员：	执法证件号：
行政执法人员：	执法证件号：
备　注	

【制作指南】

　　责令改正情况复查记录，是城市管理行政执法部门针对已经下达责令停止（改正）通知书后，再次对当事人整改情况进行复查，对复查情况进行记录的文书。

　　一、"当事人"栏填写当事人的有关情况，其中当事人姓名或名称应当与身份证、营业执照等证明当事人主体资格的材料上保持一致。

　　二、"时间"栏填写复查的时间，具体到分，并采用 24 小时制。

　　三、"地点"栏填写复查的具体地点，注明具体门牌号、房间号等。

　　四、"现场复查情况"栏是对行政执法人员现场复查情况的记录，并可以对整改情况进行拍摄。

　　五、当事人拒绝签名或者不能签名的应当注明，有现场见证人的，应当请现场见证人签名证明。

【法律依据】

　　《中华人民共和国行政处罚法》（2021 年 1 月 22 日）

　　第九条　行政处罚的种类：

　　（一）警告、通报批评；

　　（二）罚款、没收违法所得、没收非法财物；

　　（三）暂扣许可证件、降低资质等级、吊销许可证件；

　　（四）限制开展生产经营活动、责令停产停业、责令关闭、限制从业；

　　（五）行政拘留；

　　（六）法律、行政法规规定的其他行政处罚。

　　第二十八条　行政机关实施行政处罚时，应当责令当事人改正或者限期改正违法行为。

　　当事人有违法所得，除依法应当退赔的外，应当予以没收。违法所得是指实施违法行为所取得的款项。法律、行政法规、部门规章对违法所得的计算另有规定的，从其规定。

（三）处罚告知阶段

22. 行政处罚事先告知书

行政处罚事先告知书

_____（　）城罚先告字〔　　　〕第　　号

当事人：_____。

根据_____的规定，本机关于____年____月____日对你（单位）涉嫌_____的行为予以立案调查。

现查明，你（单位）____（涉嫌违法行为的时间、地点、情节、后果）_____

本机关认为，你（单位）的上述行为违反了_____的规定，现根据_____的规定，拟对你（单位）作出如下行政处罚：

_____

根据《中华人民共和国行政处罚法》第四十四条、第四十五条的规定，你（单位）对本机关上述认定的违法事实、处罚依据及处罚内容等有异议的，可在收到本告知书起3个工作日内提出书面陈述、申辩意见，或到本机关进行口头陈述、申辩。

逾期不提供陈述、申辩意见，本机关将依法作出行政处罚决定。

行政执法机关全称（印章）

年　　月　　日

联　系　人：_____　　联系地址：_____
联系电话：_____　　邮政编码：_____

【制作指南】

行政处罚事先告知书，是城市管理行政执法部门在作出行政处罚决定前，书面告知当事人拟作出的行政处罚决定的事实、理由、依据、内容以及当事人依法享有的权利的文书。

一、写明当事人的基本情况。当事人为自然人的，应当包括当事人姓名、出生年月、年龄、民族、工作单位、文化程度、身份证号码、住址和联系电话等内容；当事人为个体工商户的，在自然人的基础上应当包括字号名称、经营场所、社会信用代码（营业执照注册号）等内容；当事人为法人或其他组织的，应当包括单位的全称、法定代表人（负责人）姓名与职务、住所、企业类型、经营范围、社会信用代码（营业执照注册号）和联系电话等内容。当事人为2个以上的，应当依次列明。

二、有认定违法行为的事实、理由和依据。主要包括：违法行为发生的时间、地点、情节、后果及说理性内容；准确列明所依据的法律、法规或规章的全称及具体条款。

三、有拟作出行政处罚的法律、法规、规章依据和拟作出行政处罚的种类、数额、期限等内容。

四、应当告知当事人陈述申辩的权利及提出陈述申辩的时间、地点。

五、有城市管理行政执法部门名称并加盖印章，同时注明作出文书的日期。

六、本文书一式两份，一份送达当事人，一份附卷归档，并与《送达回证》配套使用。当事人放弃陈述申辩权利或没有陈述申辩意见的，可在《送达回证》备注栏签署"本人自愿放弃陈述申辩权利"或"本人没有陈述申辩意见"。

【法律依据】

1. 《中华人民共和国行政处罚法》（2021年1月22日）

第四十四条　行政机关在作出行政处罚决定之前，应当告知当事人拟作出的行政处罚内容及事实、理由、依据，并告知当事人依法享有的陈述、申辩、要求听证等权利。

第四十五条　当事人有权进行陈述和申辩。行政机关必须充分听取当事人的意见，对当事人提出的事实、理由和证据，应当进行复核；当事人提出的事实、理由或者证据成立的，行政机关应当采纳。

行政机关不得因当事人陈述、申辩而给予更重的处罚。

2.《城市管理执法行为规范》（2018 年 9 月 5 日）

第十条 城市管理执法人员实施执法时，应当出示行政执法证件，告知行政相对人权利和义务。

23. 行政处罚听证告知书

行政处罚听证告知书

_____（ ）城罚听告字〔   〕第   号

当事人：_____。

根据_____的规定，本机关于____年____月____日对你（单位）涉嫌_____的行为予以立案调查。

现查明，你（单位）_____（涉嫌违法行为的时间、地点、情节、后果）_____

_____

本机关认为，你（单位）的上述行为违反了_____的规定，根据_____的规定，拟对你（单位）作出如下行政处罚：

_____

根据《中华人民共和国行政处罚法》第四十四条、第四十五条的规定，如你（单位）对本机关上述认定的违法事实、处罚依据及处罚内容等有异议的，可在收到本告知书起3个工作日内提出书面陈述、申辩意见，或到本机关进行口头陈述、申辩。

根据《中华人民共和国行政处罚法》第六十三条的规定，你（单位）有要求举行听证的权利。如你（单位）要求举行听证，应当在收到本告知书后5个工作日内提出，逾期视为放弃听证权利。如你（单位）认为相关事项涉及商业秘密或个人隐私，不宜公开进行听证的，应当在举行听证的3个工作日前向本机关提出并说明理由。

逾期不提供陈述、申辩意见，又不要求举行听证的，本机关将依法作出行政处罚决定。

行政执法机关全称（印章）

年   月   日

联 系 人：_____ 联系地址：_____
联系电话：_____ 邮政编码：_____

【制作指南】

行政处罚听证告知书，是城市管理行政执法部门在作出责令停产停业、吊销许可证或者执照、较大数额罚款等行政处罚决定前，书面告知当事人拟作出的行政处罚决定的事实、理由、依据、内容以及当事人依法享有听证、陈述申辩权利的文书。

一、写明当事人的基本情况。当事人为自然人的，应当包括当事人姓名、出生年月、年龄、民族、工作单位、文化程度、身份证号码、住址和联系电话等内容；当事人为个体工商户的，在自然人的基础上应当包括字号名称、经营场所、社会信用代码（营业执照注册号）等内容；当事人为法人或其他组织的，应当包括单位的全称、法定代表人（负责人）姓名与职务、住所、企业类型、经营范围、社会信用代码（营业执照注册号）和联系电话等内容。当事人为 2 个以上的，应当依次列明。

二、有认定违法行为的事实、理由和依据。主要包括：违法行为发生的时间、地点、情节、后果及说理性内容；准确列明所依据的法律、法规或规章的全称及具体条款。

三、有拟作出行政处罚的法律、法规、规章依据和拟作出行政处罚的种类、数额、期限等内容。

四、告知当事人陈述、申辩的权利及陈述、申辩的时间、地点，并告知当事人有要求听证的权利和期限。

五、有城市管理行政执法部门名称并加盖印章，同时注明作出文书的日期。

六、本文书一式两份，一份送达当事人，一份附卷归档，并与《送达回证》配套使用，当事人放弃听证、陈述申辩权利或没有陈述申辩意见的，可在《送达回证》备注栏签署"本人自愿放弃听证、陈述申辩权利"或"本人没有陈述申辩意见"。

【法律依据】

1. 《中华人民共和国行政处罚法》（2021 年 1 月 22 日）

第四十四条 行政机关在作出行政处罚决定之前，应当告知当事人拟作出的行政处罚内容及事实、理由、依据，并告知当事人依法享有的陈述、申辩、要求听证等权利。

第四十五条 当事人有权进行陈述和申辩。行政机关必须充分听取当事人的意见，对当事人提出的事实、理由和证据，应当进行复核；当事人提出的事实、理由或者证据成立的，行政机关应当采纳。

行政机关不得因当事人陈述、申辩而给予更重的处罚。

第六十三条 行政机关拟作出下列行政处罚决定，应当告知当事人有要求听证的权利，当事人要求听证的，行政机关应当组织听证：

（一）较大数额罚款；

（二）没收较大数额违法所得、没收较大价值非法财物；

（三）降低资质等级、吊销许可证件；

（四）责令停产停业、责令关闭、限制从业；

（五）其他较重的行政处罚；

（六）法律、法规、规章规定的其他情形。

当事人不承担行政机关组织听证的费用。

第六十四条 听证应当依照以下程序组织：

（一）当事人要求听证的，应当在行政机关告知后五日内提出；

（二）行政机关应当在举行听证的七日前，通知当事人及有关人员听证的时间、地点；

（三）除涉及国家秘密、商业秘密或者个人隐私依法予以保密外，听证公开举行；

（四）听证由行政机关指定的非本案调查人员主持；当事人认为主持人与本案有直接利害关系的，有权申请回避；

（五）当事人可以亲自参加听证，也可以委托一至二人代理；

（六）当事人及其代理人无正当理由拒不出席听证或者未经许可中途退出听证的，视为放弃听证权利，行政机关终止听证；

（七）举行听证时，调查人员提出当事人违法的事实、证据和行政处罚建议，当事人进行申辩和质证；

（八）听证应当制作笔录。笔录应当交当事人或者其代理人核对无误后签字或者盖章。当事人或者其代理人拒绝签字或者盖章的，由听证主持人在笔录中注明。

2.《城市管理执法办法》（2017 年 1 月 24 日）

第二十五条 城市管理执法主管部门依照法定程序开展执法活动，应当保障当事人依法享有的陈述、申辩、听证等权利。

24. 陈述申辩笔录

陈述申辩笔录

案　　　由：＿＿＿＿＿＿＿＿＿＿＿＿＿＿＿＿＿＿＿＿＿＿

当　事　人：＿＿＿＿＿＿＿＿＿＿＿＿＿＿＿＿＿＿＿＿＿＿

陈述申辩人：姓名＿＿＿＿＿＿＿＿＿性别＿＿＿＿联系电话＿＿＿＿＿

身份证号＿＿＿＿＿＿＿＿＿＿＿与当事人的关系：＿＿＿＿＿＿＿

陈述申辩地点：＿＿＿＿＿＿＿＿＿＿＿＿＿＿＿＿＿＿＿＿＿＿

陈述申辩时间：＿＿＿年＿＿＿月＿＿＿日＿＿＿时＿＿＿分至＿＿＿时＿＿＿分

行政执法人员：＿＿＿＿＿＿＿＿＿执法证件号：＿＿＿＿＿＿＿

＿＿＿＿＿＿＿＿＿＿执法证件号：＿＿＿＿＿＿＿

记　录　人：＿＿＿＿＿＿＿＿＿＿执法证件号：＿＿＿＿＿＿

陈述申辩内容：＿＿＿＿＿＿＿＿＿＿＿＿＿＿＿＿＿＿＿＿＿＿

(记录当事人或陈述申辩人对案件事实、处罚理由和依据、执法程序及案件性

质、处罚情节轻重等陈述申辩的内容；承办人员根据需要，可询问当事人有

关情况)

＿＿＿＿＿＿＿＿＿＿＿＿＿＿＿＿＿＿＿＿＿＿＿＿＿＿＿＿＿＿

＿＿＿＿＿＿＿＿＿＿＿＿＿＿＿＿＿＿＿＿＿＿＿＿＿＿＿＿＿＿

(笔录尾页应当注明"上述笔录内容，记录属实")＿＿＿＿＿＿＿＿

陈述申辩人签名：＿＿＿＿＿＿＿＿＿＿＿＿＿＿＿＿＿年＿＿＿月＿＿＿日

行政执法人员签名：＿＿＿＿＿＿＿、＿＿＿＿＿＿＿＿＿年＿＿＿月＿＿＿日

记　录　人签名：＿＿＿＿＿＿＿＿＿＿＿＿＿＿＿＿＿

＿＿＿＿＿年＿＿＿月＿＿＿日

备注：

第　　页共　　页

【制作指南】

陈述申辩笔录，是城市管理行政执法部门在向当事人履行处罚告知后，行政执法人员用来记录当事人陈述申辩内容的文书。

一、"案由"栏按照"当事人姓名或名称＋涉嫌＋违法行为性质＋案"的格式填写。

二、"当事人"栏填写当事人的有关情况，其中当事人姓名或名称应当与身份证、营业执照等证明当事人主体资格的材料上保持一致。

三、"陈述申辩人"栏填写陈述申辩人的姓名、性别、联系电话、身份证号以及与当事人的关系。

四、"地点"栏填写陈述申辩的具体地点，注明具体门牌号或具体位置。

五、"时间"栏填写陈述申辩的起止时间，具体到分，并采用 24 小时制。

六、笔录因书写错误需要修改的，应当将需修改处划去，在旁边空隙处书写正确的文字，修改处应当由相关人员按手印或签名确认。

七、笔录右下角应当填写每页笔录的对应页码及笔录总页数。

【法律依据】

1. 《中华人民共和国行政处罚法》（2021 年 1 月 22 日）

第七条 公民、法人或者其他组织对行政机关所给予的行政处罚，享有陈述权、申辩权；对行政处罚不服的，有权依法申请行政复议或者提起行政诉讼。

公民、法人或者其他组织因行政机关违法给予行政处罚受到损害的，有权依法提出赔偿要求。

第四十五条 当事人有权进行陈述和申辩。行政机关必须充分听取当事人的意见，对当事人提出的事实、理由和证据，应当进行复核；当事人提出的事实、理由或者证据成立的，行政机关应当采纳。

行政机关不得因当事人陈述、申辩而给予更重的处罚。

2. 《城市管理执法办法》（2017 年 1 月 24 日）

第二十五条 城市管理执法主管部门依照法定程序开展执法活动，应当保障当事人依法享有的陈述、申辩、听证等权利。

25. 听证通知书

听 证 通 知 书

＿＿＿＿＿（ ）城听通字〔 〕第 号

＿＿（自然人姓名或单位名称）＿＿：

根据你（单位）＿＿＿＿年＿＿＿＿月＿＿＿＿日就＿＿＿＿（案由）＿＿

＿＿＿＿一案提出的听证要求，本机关决定于＿＿年＿＿月＿＿日＿＿时＿＿

分在＿＿（听证地点）＿＿举行＿＿（公开/不公开）＿＿听证。请你（单位）持本

通知准时出席。

本次听证主持人为＿＿＿＿＿，听证员为、＿＿＿＿＿，＿＿＿＿＿，

记录人为＿＿＿＿＿。

行政执法机关全称（印章）

年 月 日

联 系 人：＿＿＿＿＿＿＿＿＿＿ 联系地址：＿＿＿＿＿＿＿＿＿＿

联系电话：＿＿＿＿＿＿＿＿＿＿ 邮政编码：＿＿＿＿＿＿＿＿＿＿

告知事项：

1. 你（单位）认为主持人、听证员或记录人为参与本案调查取证人员或与本案有利害关系，可能影响案件公正处理，有权申请回避。申请主持人、听证员或记录人回避的，应当在听证举行前向本机关提出申请并说明理由。若无正当理由不按时参加听证，视为放弃听证权利。

2. 你（单位）可亲自参加听证，也可委托 1 至 2 名代理人参加听证。

3. 申请人为自然人，本人参加听证的，应当携带本人身份证原件及复印件；申请人为法人或其他组织（包括个体工商户），应当携带单位工商营业执照（或组织机构代码证）、法定代表人的身份证明和身份证原件及复印件。

4. 委托代理人参加听证的，还应当在听证举行前提交由你（单位）出具的授权委托书（授权委托书应当载明委托的事项、委托权限、委托期限、听证申请人及委托代理人的签章、委托代理人身份证原件及复印件）；委托代理人是律师的，应当提交律师证复印件和律师事务所指派函。

5. 你（单位）参加听证时应当携带有关证据材料。

6. 如有证人出席作证的，应当事先向本机关提出书面申请。

【制作指南】

听证通知书，是城市管理行政执法部门依法决定举行听证会并向当事人告知听证会具体事项的文书。

一、准确填写当事人的姓名或名称，并与身份证、营业执照等证明当事人主体资格的材料上保持一致。

二、案由按照"当事人姓名或名称＋涉嫌＋违法行为性质＋案"的格式填写。

三、写明举行听证的地点，一般为行政执法机关办公地或其指定的其他办公场所。

四、写明举行听证的方式，除涉及国家秘密、商业秘密或个人隐私外，听证应当公开进行。

五、告知当事人有权申请回避和委托代理人等事项。

六、有城市管理行政执法部门名称并加盖印章，同时注明作出文书的日期。

七、本文书一式两份，一份送达听证申请人，一份附卷归档，并与《送达回证》配套使用。

【法律依据】

《中华人民共和国行政处罚法》（2021 年 1 月 22 日）

第六十四条 听证应当依照以下程序组织：

（一）当事人要求听证的，应当在行政机关告知后五日内提出；

（二）行政机关应当在举行听证的七日前，通知当事人及有关人员听证的时间、地点；

（三）除涉及国家秘密、商业秘密或者个人隐私依法予以保密外，听证公开举行；

（四）听证由行政机关指定的非本案调查人员主持；当事人认为主持人与本案有直接利害关系的，有权申请回避；

（五）当事人可以亲自参加听证，也可以委托一至二人代理；

（六）当事人及其代理人无正当理由拒不出席听证或者未经许可中途退出听证的，视为放弃听证权利，行政机关终止听证；

（七）举行听证时，调查人员提出当事人违法的事实、证据和行政处罚建议，当事人进行申辩和质证；

（八）听证应当制作笔录。笔录应当交当事人或者其代理人核对无误后签字或者盖章。当事人或者其代理人拒绝签字或者盖章的，由听证主持人在笔录中注明。

26. 不予受理听证通知书

不予受理听证通知书

_____ （ ）城不受听通字〔   〕第   号

___（自然人姓名或单位名称）___ ：

你（单位）因_____（案由）_____一案，提出听证申请，经审查，本机关认为：_____。

根据《中华人民共和国行政处罚法》第六十三条规定，决定不予受理。

行政执法机关全称（印章）
年   月   日

联 系 人：_____   联系地址：_____

联系电话：_____   邮政编码：_____

【制作指南】

不予受理听证通知书，是城市管理行政执法部门对申请人提出的听证申请，依法作出不予受理的文书。

一、准确填写当事人的姓名或名称，并与身份证、营业执照等证明当事人主体资格的材料上保持一致。

二、案由按照"当事人姓名或名称＋涉嫌＋违法行为性质＋案"的格式填写。

三、写明不予受理听证的具体理由。

四、有城市管理行政执法部门名称并加盖印章，同时注明作出文书的日期。

五、本文书一式两份，一份送达听证申请人，一份附卷归档，并与《送达回证》配套使用。

【法律依据】

《中华人民共和国行政处罚法》（2021 年 1 月 22 日）

第六十三条 行政机关拟作出下列行政处罚决定，应当告知当事人有要求听证的权利，当事人要求听证的，行政机关应当组织听证：

（一）较大数额罚款；

（二）没收较大数额违法所得、没收较大价值非法财物；

（三）降低资质等级、吊销许可证件；

（四）责令停产停业、责令关闭、限制从业；

（五）其他较重的行政处罚；

（六）法律、法规、规章规定的其他情形。

当事人不承担行政机关组织听证的费用。

27. 行政处罚听证公告

行政处罚听证公告

_____（ ）城罚听公字〔 〕第 号

　　根据《中华人民共和国行政处罚法》第六十三条、第六十四条的规定以及当事人要求举行听证的申请，本机关定于____年____月____日____时____分，在____(地点)____公开举行_____(案由)_____一案的听证。旁听者可申请参加。

　　根据听证场地情况，确定此次听证会旁听人数不超过____人。申请参加旁听的，应当在____年____月____日前向本机关提出申请，受理以申请时间先后为准，逾期申请或申请时已达规定人数的，不予受理。

　　特此公告。

行政执法机关全称（印章）

年　　月　　日

联 系 人：_____　　　联系地址：_____
联系电话：_____　　　邮政编码：_____

【制作指南】

行政处罚听证公告，是城市管理行政执法部门公开举行听证前面向公众作出的文书。

一、写明听证举行的时间、地点。

二、案由按照"当事人姓名或名称＋涉嫌＋违法行为性质＋案"的格式填写。

三、有城市管理行政执法部门名称并加盖印章，同时注明作出文书的日期。

【法律依据】

《中华人民共和国行政处罚法》（2021 年 1 月 22 日）

第六十三条 行政机关拟作出下列行政处罚决定，应当告知当事人有要求听证的权利，当事人要求听证的，行政机关应当组织听证：

（一）较大数额罚款；

（二）没收较大数额违法所得、没收较大价值非法财物；

（三）降低资质等级、吊销许可证件；

（四）责令停产停业、责令关闭、限制从业；

（五）其他较重的行政处罚；

（六）法律、法规、规章规定的其他情形。

当事人不承担行政机关组织听证的费用。

第六十四条 听证应当依照以下程序组织：

（一）当事人要求听证的，应当在行政机关告知后五日内提出；

（二）行政机关应当在举行听证的七日前，通知当事人及有关人员听证的时间、地点；

（三）除涉及国家秘密、商业秘密或者个人隐私依法予以保密外，听证公开举行；

（四）听证由行政机关指定的非本案调查人员主持；当事人认为主持人与本案有直接利害关系的，有权申请回避；

（五）当事人可以亲自参加听证，也可以委托一至二人代理；

（六）当事人及其代理人无正当理由拒不出席听证或者未经许可中途退出听证的，视为放弃听证权利，行政机关终止听证；

（七）举行听证时，调查人员提出当事人违法的事实、证据和行政处罚建议，当事人进行申辩和质证；

（八）听证应当制作笔录。笔录应当交当事人或者其代理人核对无误后签字或者盖章。当事人或者其代理人拒绝签字或者盖章的，由听证主持人在笔录中注明。

28. 听证笔录

听 证 笔 录

案　　由：_____

听证时间：____年____月____日____时____分至____时____分

听证地点：_____听证方式：_____

听证申请人：_____法定代表人或负责人：_____

性别：_____工作单位：_____职务：_____

身份证或其他有效证件号码：_____

住址（所）：_____电话：_____

委托代理人：_____性别：_____电话：_____

工作单位：_____职务：_____

身份证或其他有效证件号码：_____

其他参加人：_____

案件调查人：_____工作单位：_____

案件调查人：_____工作单位：_____

听证主持人：_____听证员：_____记录人：_____

听证笔录（正文）：_____（记录听证会开始阶段内容、调查阶段内容、辩论阶段内容、最后陈述申辩内容）

（笔录尾页应当注明"上述笔录内容，记录属实"）

_____

听证申请人：_____年____月____日

委托代理人：_____年____月____日

其他参加人：_____年____月____日

案件调查人：_____年____月____日

听证主持人：_____年____月____日

听 证 员：_____年____月____日

记 录 人：_____年____月____日

第 页 共 页

【制作指南】

听证笔录，是城市管理行政执法部门对听证会的活动作出客观记录的文书。

一、"案由"栏按照"当事人姓名或名称＋涉嫌＋违法行为性质＋案"的格式填写。

二、"时间"栏填写举行听证的起止时间，具体到分，并采用 24 小时制。

三、"地点"栏填写举行听证的具体地点，注明具体门牌号或具体位置。

四、"听证方式"栏填写"公开"或"不公开"，除涉及国家秘密、商业秘密或个人隐私外，听证应当以公开的方式举行。

五、"案件调查人"栏应当填写负责对案件进行调查取证的行政执法人员，一般 2 人以上。分别填写其姓名、工作单位。

六、记录人应当如实记录听证内容，不得随意增删和更改。

七、询问结束后，应当要求被询问人核对笔录，被询问人发现笔录有误的，可以要求修改，并在修改处按手印确认或签名确认。修改内容不能遮盖原来记录的内容。被询问人要求作较大修改的，可以在笔录后另外书写并按手印或签名确认。

八、听证申请人拒绝签名的，应当由听证主持人在听证笔录上注明。

九、当事人拒绝签名或者不能签名的应当注明，有现场见证人的，应当请现场见证人签名证明。

十、笔录右下角应当填写每页笔录的对应页码及笔录总页数。

【法律依据】

《中华人民共和国行政处罚法》（2021 年 1 月 22 日）

第六十四条 听证应当依照以下程序组织：

（一）当事人要求听证的，应当在行政机关告知后五日内提出；

（二）行政机关应当在举行听证的七日前，通知当事人及有关人员听证的时间、地点；

（三）除涉及国家秘密、商业秘密或者个人隐私依法予以保密外，听证公开举行；

（四）听证由行政机关指定的非本案调查人员主持；当事人认为主持人与本案有直接利害关系的，有权申请回避；

（五）当事人可以亲自参加听证，也可以委托一至二人代理；

（六）当事人及其代理人无正当理由拒不出席听证或者未经许可中途退出听证的，视为放弃听证权利，行政机关终止听证；

（七）举行听证时，调查人员提出当事人违法的事实、证据和行政处罚建议，当事人进行申辩和质证；

（八）听证应当制作笔录。笔录应当交当事人或者其代理人核对无误后签字或者盖章。当事人或者其代理人拒绝签字或者盖章的，由听证主持人在笔录中注明。

第六十五条　听证结束后，行政机关应当根据听证笔录，依照本法第五十七条的规定，作出决定。

（四）处罚决定阶段

29. 行政处罚决定书

行政处罚决定书

_____（　）城罚决字〔　　　〕第　　号

当事人：_____。

你（单位）于___（时间）___实施了_____的行为，涉嫌_____

____，本机关于___年___月___日立案调查。

经查明，___（违法行为的时间、地点、情节、后果）_____

_____。

上述事实，由以下证据证实：

证据一：_____，证明_____；

证据二：_____，证明_____；

……

___年___月___日，本机关依法向你（单位）送达了《行政处罚事先（听证）告知书》（文号），告知你（单位）拟作出行政处罚决定的事实、理由、依据及内容，并告知你（单位）依法享有的权利。你（单位）在规定期限内未提出陈述、申辩［以及听证］要求。

［你（单位）___年___月___日向本机关提出陈述、申辩（听证要求）。你（单位）辩称，_____。

本机关认为，___（采纳或不采纳当事人陈述、申辩的理由）_____

_____，

故你（单位）的上述_____

意见，本机关予以（未予）采信。］

　　本机关认为，你（单位）＿＿＿＿＿＿＿的行为，违反了＿＿＿＿＿＿
＿＿的规定，根据＿＿＿＿＿＿＿的规定，应当＿＿＿＿＿＿＿＿＿＿＿。

　　鉴于当事人＿＿（自由裁量的情节与理由、危害程度、主观过错）＿＿

＿＿＿＿＿＿＿＿＿＿＿＿＿＿＿＿＿＿＿＿＿＿＿＿＿＿＿＿＿＿＿＿＿＿，

根据＿＿＿＿＿＿＿＿＿＿＿＿＿＿＿＿＿＿＿＿＿＿＿＿＿＿＿＿＿＿＿的

规定，对你（单位）作出如下行政处罚：

　　＿＿＿＿＿＿＿＿＿＿＿＿＿＿＿＿＿＿＿＿＿＿＿＿＿＿＿＿＿＿＿。

　　上述罚款，你（单位）应当自收到本处罚决定书之日起15日内，持本决
定书，到指定银行＿＿＿＿＿＿（账号：＿＿＿＿＿＿）缴纳。逾期不缴纳
罚款的，本机关将根据《中华人民共和国行政处罚法》第七十二条的规定，
每日按罚款数额的百分之三加处罚款。

　　如不服本处罚决定，可以在收到本决定书之日起60日内向＿＿＿＿申请
行政复议；也可以在收到本决定书之日起6个月内直接向＿＿＿＿人民法院
起诉，但本决定不停止执行，法律另有规定的除外。逾期不申请行政复议、
不提起行政诉讼又不履行的，本机关将依法申请人民法院强制执行或依照有
关规定强制执行。

行政执法机关全称（印章）

年　　月　　日

联 系 人：＿＿＿＿＿＿＿＿＿　　联系地址：＿＿＿＿＿＿＿＿＿＿

联系电话：＿＿＿＿＿＿＿＿＿　　邮政编码：＿＿＿＿＿＿＿＿＿＿

【制作指南】

行政处罚决定书，是城市管理行政执法部门对事实清楚、证据确凿的一般程序案件，依法对违法当事人作出行政处罚决定的文书。

一、写明当事人的基本情况，当事人为自然人的，应当包括当事人姓名、出生年月、年龄、民族、工作单位、文化程度、身份证号码、住址和联系电话等内容；当事人为个体工商户的，在自然人的基础上应当包括字号名称、经营场所、社会信用代码（营业执照注册号）等内容；当事人为法人或其他组织的，应当包括单位的全称、法定代表人（负责人）姓名与职务、住所、企业类型、经营范围、社会信用代码（营业执照注册号）和联系电话等内容。当事人为 2 个以上的，应当依次列明。

二、对违法事实的描述应当全面、客观，阐明案件来源以及违法行为的基本事实。列举调查取证过程中收集的经查证属实的案件证据，保证事实和证据的关联性。

三、如实写明案件所经过的执法程序，如查封扣押、先行登记保存证据、处罚告知、听证等执法程序，同时还要写明当事人有无陈述、申辩或申请听证的情况，对当事人的陈述、申辩意见采信情况的理由。

四、准确列明依据的法律、法规或规章的全称及具体条款，并对案件性质进行定性。

五、处罚内容应当具体明确，写明处罚种类、数额、履行期限、履行方式等。若处罚内容无需缴纳罚款，可将"上述罚款，当事人应当自收到本处罚决定书……每日按罚款数额的百分之三加处罚款。"内容删去。

六、告知当事人行政处罚的履行方式和期限；不服行政决定，申请行政复议或提出行政诉讼的途径和期限；逾期不履行的法律责任和后果。

七、有城市管理行政执法部门名称并加盖印章，同时注明作出文书的日期。

八、本文书一式二份，一份送达当事人，一份附卷存档，并与《送达回证》配套使用。

【法律依据】

《中华人民共和国行政处罚法》（2021 年 1 月 22 日）

第五十七条 调查终结，行政机关负责人应当对调查结果进行审查，根据不同情况，分别作出如下决定：

（一）确有应受行政处罚的违法行为的，根据情节轻重及具体情况，作出行政处罚决定；

（二）违法行为轻微，依法可以不予行政处罚的，不予行政处罚；

（三）违法事实不能成立的，不予行政处罚；

（四）违法行为涉嫌犯罪的，移送司法机关。

对情节复杂或者重大违法行为给予行政处罚，行政机关负责人应当集体讨论决定。

第五十九条 行政机关依照本法第五十七条的规定给予行政处罚，应当制作行政处罚决定书。行政处罚决定书应当载明下列事项：

（一）当事人的姓名或者名称、地址；

（二）违反法律、法规、规章的事实和证据；

（三）行政处罚的种类和依据；

（四）行政处罚的履行方式和期限；

（五）申请行政复议、提起行政诉讼的途径和期限；

（六）作出行政处罚决定的行政机关名称和作出决定的日期。

行政处罚决定书必须盖有作出行政处罚决定的行政机关的印章。

第七十二条 当事人逾期不履行行政处罚决定的，作出行政处罚决定的行政机关可以采取下列措施：

（一）到期不缴纳罚款的，每日按罚款数额的百分之三加处罚款，加处罚款的数额不得超出罚款的数额；

（二）根据法律规定，将查封、扣押的财物拍卖、依法处理或者将冻结的存款、汇款划拨抵缴罚款；

（三）根据法律规定，采取其他行政强制执行方式；

（四）依照《中华人民共和国行政强制法》的规定申请人民法院强制执行。

行政机关批准延期、分期缴纳罚款的，申请人民法院强制执行的期限，自暂缓或者分期缴纳罚款期限结束之日起计算。

30. 不予行政处罚决定书

不予行政处罚决定书

_____（ ）城不罚决字〔   〕第   号

当事人：_____。

  你（单位）于___（时间）___实施了_____的行为，涉嫌_____

____，本机关于___年___月___日立案调查。

  鉴于_____当事人（不予行政处罚的理由）_____

_____，

根据《中华人民共和国行政处罚法》第三十条/第三十一条/第三十三条/第五

十七条的规定，决定不予行政处罚。

  对本决定不服的，可以在接到本决定书之日起 60 日内向_____申

请行政复议；也可以在 6 个月内向_____人民法院提起行政诉讼。

行政执法机关全称（印章）

年 月 日

【制作指南】

不予行政处罚决定书，是城市管理行政执法部门在对违法行为进行充分调查取证，依法对当事人作出不予行政处罚决定的文书。

一、写明当事人的基本情况，当事人为自然人的，应当包括当事人姓名、出生年月、年龄、民族、工作单位、文化程度、身份证号码、住址和联系电话等内容；当事人为个体工商户的，在自然人的基础上应当包括字号名称、经营场所、社会信用代码（营业执照注册号）等内容；当事人为法人或其他组织的，应当包括单位的全称、法定代表人（负责人）姓名与职务、住所、企业类型、经营范围、社会信用代码（营业执照注册号）和联系电话等内容。当事人为 2 个以上的，应当依次列明。

二、要准确列明不予处罚的理由和依据的法律、法规或规章的全称及具体条款。

三、不服行政决定的，告知当事人申请行政复议或提出行政诉讼的途径和期限。

四、有城市管理行政执法部门名称并加盖印章，同时注明作出文书的日期。

五、本文书一式两份，一份送达当事人，一份附卷存档，并与《送达回证》配套使用。

【法律依据】

《中华人民共和国行政处罚法》（2021 年 1 月 22 日）

第三十条 不满十四周岁的未成年人有违法行为的，不予行政处罚，责令监护人加以管教；已满十四周岁不满十八周岁的未成年人有违法行为的，应当从轻或者减轻行政处罚。

第三十一条 精神病人、智力残疾人在不能辨认或者不能控制自己行为时有违法行为的，不予行政处罚，但应当责令其监护人严加看管和治疗。间歇性精神病人在精神正常时有违法行为的，应当给予行政处罚。尚未完全丧失辨认或者控制自己行为能力的精神病人、智力残疾人有违法行为的，可以从轻或者减轻行政处罚。

第三十三条 违法行为轻微并及时改正，没有造成危害后果的，不予行政处罚。初次违法且危害后果轻微并及时改正的，可以不予行政处罚。

当事人有证据足以证明没有主观过错的，不予行政处罚。法律、行政法规另有规定的，从其规定。

对当事人的违法行为依法不予行政处罚的，行政机关应当对当事人进行教育。

第五十七条 调查终结，行政机关负责人应当对调查结果进行审查，根据不同情况，分别作出如下决定：

（一）确有应受行政处罚的违法行为的，根据情节轻重及具体情况，作出行政处罚决定；

（二）违法行为轻微，依法可以不予行政处罚的，不予行政处罚；

（三）违法事实不能成立的，不予行政处罚；

（四）违法行为涉嫌犯罪的，移送司法机关。

对情节复杂或者重大违法行为给予行政处罚，行政机关负责人应当集体讨论决定。

31. 当场处罚决定书

当场处罚决定书

_____ （ ） 城当罚决字〔 〕第 号

当事人：（姓名或名称）_____

地 址：（住址或住所）_____

你（单位）于___年___月___日___时___分在_____（具体违法地点）_____因的行为，违反了_____的规定，根据___的规定，本机关责令你（单位）□立即改正；□于___年___月___日前改正，并决定对你（单位）作出以下处罚：

□警告

□罚款人民币（大写）_____元；

罚款的履行方式和期限：

□当场收缴。

□要求你（单位）于___年___月___日前将款交至_____，账号：_____。到期不缴纳罚款的，根据《中华人民共和国行政处罚法》第七十二条的规定，每日按罚款数额的百分之三加处罚款。

如不服本处罚决定，可以在收到本决定书之日起60日内向_____申请行政复议；也可以在收到本决定书之日起6个月内直接向_____人民法院提起行政诉讼，但本决定不停止执行，法律另有规定的除外。逾期不申请行政复议、不提起行政诉讼又不履行的，本机关将依法申请人民法院强制执行或依照有关规定强制执行。

本处罚决定作出前已依法告知你（单位）作出处罚决定的事实、理由及依据，并听取了你（单位）的陈述和申辩。

处罚票据编号：_____

当事人签名：_____ _____年___月___日

执法人员签名：_____   _____年___月___日

行政执法机关全称（印章）

年　　月　　日

【制作指南】

当场行政处罚决定书，是城市管理行政执法部门针对行政管理相对人的违法行为，在法定条件下适用简易程序进行处罚时作出的文书。

一、准确填写当事人的姓名或名称，并与身份证、营业执照等证明当事人主体资格的材料上保持一致。

二、要准确列明依据的法律、法规或规章的全称及具体条款。

三、写明处罚的种类和幅度。

四、告知当事人行政处罚的履行方式和期限；不服行政决定，申请行政复议或提出行政诉讼的途径和期限；逾期不履行的法律责任和后果。

五、当场宣读并送达当事人，当事人予以签名确认，并注明签收日期。

六、当场收缴罚款的，应当交付法定罚款票据，并准确无误地填写处罚票据编号。

七、有城市管理行政执法部门名称并加盖印章，同时注明作出文书的日期。

八、本文书一式两份，一份送达当事人，一份附卷存档。

【法律依据】

《中华人民共和国行政处罚法》（2021 年 1 月 22 日）

第五十一条 违法事实确凿并有法定依据，对公民处以二百元以下、对法人或者其他组织处以三千元以下罚款或者警告的行政处罚的，可以当场作出行政处罚决定。法律另有规定的，从其规定。

第五十二条 执法人员当场作出行政处罚决定的，应当向当事人出示执法证件，填写预定格式、编有号码的行政处罚决定书，并当场交付当事人。当事人拒绝签收的，应当在行政处罚决定书上注明。

前款规定的行政处罚决定书应当载明当事人的违法行为，行政处罚的种类和依据、罚款数额、时间、地点，申请行政复议、提起行政诉讼的途径和期限以及行政机关名称，并由执法人员签名或者盖章。

执法人员当场作出的行政处罚决定，应当报所属行政机关备案。

第六十七条 作出罚款决定的行政机关应当与收缴罚款的机构分离。

除依照本法第六十八条、第六十九条的规定当场收缴的罚款外，作出行政处罚决定的行政机关及其执法人员不得自行收缴罚款。

当事人应当自收到行政处罚决定书之日起十五日内，到指定的银行或者通过电子支付系统缴纳罚款。银行应当收受罚款，并将罚款直接上缴国库。

第六十八条 依照本法第五十一条的规定当场作出行政处罚决定，有下列情形之一，执法人员可以当场收缴罚款：

（一）依法给予一百元以下罚款的；

（二）不当场收缴事后难以执行的。

第六十九条 在边远、水上、交通不便地区，行政机关及其执法人员依照本法第五十一条、第五十七条的规定作出罚款决定后，当事人到指定的银行或者通过电子支付系统缴纳罚款确有困难，经当事人提出，行政机关及其执法人员可以当场收缴罚款。

第七十二条 当事人逾期不履行行政处罚决定的，作出行政处罚决定的行政机关可以采取下列措施：

（一）到期不缴纳罚款的，每日按罚款数额的百分之三加处罚款，加处罚款的数额不得超出罚款的数额；

（二）根据法律规定，将查封、扣押的财物拍卖、依法处理或者将冻结的存款、汇款划拨抵缴罚款；

（三）根据法律规定，采取其他行政强制执行方式；

（四）依照《中华人民共和国行政强制法》的规定申请人民法院强制执行。

行政机关批准延期、分期缴纳罚款的，申请人民法院强制执行的期限，自暂缓或者分期缴纳罚款期限结束之日起计算。

32. 准予分期（延期）缴纳罚款通知书

准予分期（延期）缴纳罚款通知书

_____（　）城分（延）缴通字〔　　〕第　　号

___(自然人姓名或单位名称)___：

　　本机关于____年____月____日对你（单位）送达了《行政处罚决定书》（文号），对你（单位）作出了罚款（大写）_____元的行政处罚决定，现根据你（单位）的申请，本机关根据《中华人民共和国行政处罚法》第六十六条的规定，准予你（单位）：

　　□延期缴纳罚款，延长至____年____月____日止。

　　□分期缴纳罚款，第____期至____年____月____日前，缴纳罚款（大写）_____元；第____期至____年____月____日前，缴纳罚款（大写）_____元。

　　逾期缴纳罚款的，根据《中华人民共和国行政处罚法》第七十二条的规定，每日按罚款数额的百分之三加处罚款。

　　代收机构以本通知书为依据，办理收款手续。

行政执法机关全称（印章）

年　　月　　日

联 系 人：_____　　联系地址：_____

联系电话：_____　　邮政编码：_____

【制作指南】

准予分期（延期）缴纳罚款通知书，是城市管理行政执法部门同意当事人提出的分期（延期）缴纳罚款申请时使用的文书。

一、准确填写当事人的姓名或名称，并与身份证、营业执照等证明当事人主体资格的材料上保持一致。

二、根据当事人的申请或城市管理行政执法部门根据实际调查情况，批准当事人延期缴纳罚款的，在该选项前的"□"划"√"，写明延长期限的截止日期。批准当事人分期缴纳罚款的，在该选项前的"□"划"√"。

三、告知当事人逾期不缴纳罚款的法律后果。

四、有城市管理行政执法部门名称并加盖印章，同时注明作出文书的日期。

五、本文书一式两份，一份送达当事人，一份附卷归档，并与《送达回证》配套使用。

【法律依据】

《中华人民共和国行政处罚法》（2021 年 1 月 22 日）

第六十六条 行政处罚决定依法作出后，当事人应当在行政处罚决定书载明的期限内，予以履行。

当事人确有经济困难，需要延期或者分期缴纳罚款的，经当事人申请和行政机关批准，可以暂缓或者分期缴纳。

第七十二条 当事人逾期不履行行政处罚决定的，作出行政处罚决定的行政机关可以采取下列措施：

（一）到期不缴纳罚款的，每日按罚款数额的百分之三加处罚款，加处罚款的数额不得超出罚款的数额；

（二）根据法律规定，将查封、扣押的财物拍卖、依法处理或者将冻结的存款、汇款划拨抵缴罚款；

（三）根据法律规定，采取其他行政强制执行方式；

（四）依照《中华人民共和国行政强制法》的规定申请人民法院强制执行。

行政机关批准延期、分期缴纳罚款的，申请人民法院强制执行的期限，自暂缓或者分期缴纳罚款期限结束之日起计算。

33. 不予分期（延期）缴纳罚款通知书

不予分期（延期）缴纳罚款通知书

_____（ ）城不分（延）缴通字〔　　〕第　　号

___(自然人姓名或单位名称)___：

　　本机关于___年___月___日对你（单位）送达了《行政处罚决定书》（文号），对你（单位）作出了罚款（大写）_____元的行政处罚决定，你（单位）于___年___月___日提出了分期（延期）缴纳罚款申请。

　　由于_____(不予分期（延期）缴纳罚款理由)_____，因此，本机关认为你的申请不符合《中华人民共和国行政处罚法》第六十六条的规定，不准予你（单位）分期（延期）缴纳罚款。

　　逾期缴纳罚款的，根据《中华人民共和国行政处罚法》第七十二条的规定，每日按罚款数额的百分之三加处罚款。

行政执法机关全称（印章）

年　　月　　日

联 系 人：_____　　联系地址：_____

联系电话：_____　　邮政编码：_____

【制作指南】

不予分期（延期）缴纳罚款通知书，是城市管理行政执法部门不同意当事人提出的分期（延期）缴纳罚款申请时使用的文书。

一、准确填写当事人的姓名或名称，并与身份证、营业执照等证明当事人主体资格的材料上保持一致。

二、告知当事人逾期不缴纳罚款的法律后果。

三、有城市管理行政执法部门名称并加盖印章，同时注明作出文书的日期。

四、本文书一式两份，一份送达当事人，一份随卷存档，并与《送达回证》配套使用。

【法律依据】

《中华人民共和国行政处罚法》（2021 年 1 月 22 日）

第六十六条　行政处罚决定依法作出后，当事人应当在行政处罚决定书载明的期限内，予以履行。

当事人确有经济困难，需要延期或者分期缴纳罚款的，经当事人申请和行政机关批准，可以暂缓或者分期缴纳。

第七十二条　当事人逾期不履行行政处罚决定的，作出行政处罚决定的行政机关可以采取下列措施：

（一）到期不缴纳罚款的，每日按罚款数额的百分之三加处罚款，加处罚款的数额不得超出罚款的数额；

（二）根据法律规定，将查封、扣押的财物拍卖、依法处理或者将冻结的存款、汇款划拨抵缴罚款；

（三）根据法律规定，采取其他行政强制执行方式；

（四）依照《中华人民共和国行政强制法》的规定申请人民法院强制执行。

行政机关批准延期、分期缴纳罚款的，申请人民法院强制执行的期限，自暂缓或者分期缴纳罚款期限结束之日起计算。

34. 撤销行政处罚决定书

撤销行政处罚决定书

_____ （ ）城撤罚决字〔   〕第   号

当事人：(姓名或名称)_____

地　址：(住址或住所)_____

　　本机关于____年____月____日对你（单位）_____的行为作出《行政处罚决定书》(文号)。现因_____（撤销行政处罚理由）_____，根据_____的规定，本机关决定撤销已作出并送达的《行政处罚决定书》(文号)。

行政执法机关全称（印章）

年　　月　　日

联　系　人：_____　　联系地址：_____

联系电话：_____　　邮政编码：_____

【制作指南】

撤销行政处罚决定书，是城市管理行政执法部门作出并送达《行政处罚决定书》后，经过复核认为需要撤销时制作的文书。

一、准确填写当事人的姓名或名称，并与身份证、营业执照等证明当事人主体资格的材料上保持一致。

二、要准确列明依据的法律、法规或规章的全称及具体条款。

三、有城市管理行政执法部门名称并加盖印章，同时注明作出文书的日期。

四、本文书一式两份，一份送达当事人，一份附卷归档，并与《送达回证》配套使用。

【法律依据】

《中华人民共和国行政处罚法》（2021 年 1 月 22 日）

第四十八条 具有一定社会影响的行政处罚决定应当依法公开。

公开的行政处罚决定被依法变更、撤销、确认违法或者确认无效的，行政机关应当在三日内撤回行政处罚决定信息并公开说明理由。

（五）执行阶段

35. 行政决定履行催告书

行政决定履行催告书

_____（　）城决催字〔　　〕第　　号

___(自然人姓名或单位名称)___：

　　本机关于____年____月____日对你（单位）作出《行政处罚决定书》（文号），要求你（单位）于_____（履行义务的期限、方式及内容）_____，而你（单位）至今未履行该义务。

　　根据《中华人民共和国行政强制法》第五十四条的规定，本机关作如下催告：

　　请于本催告书送达之日起_____日内履行以下义务：

　　1. _____；

　　2. _____。

　　如无正当理由，逾期仍不履行该义务的，本机关将依法向人民法院申请强制执行。

行政执法机关全称（印章）

年　　月　　日

联　系　人：_____　　联系地址：_____

联系电话：_____　　邮政编码：_____

【制作指南】

行政决定履行催告书，是城市管理行政执法部门在依法申请人民法院强制执行前，催告当事人履行义务时制作的文书。

一、准确填写当事人的姓名或名称，并与身份证、营业执照等证明当事人主体资格的材料上保持一致。

二、"催告内容"栏填写城市管理行政执法部门依法作出而当事人未履行的行政处罚决定。如催告履行的义务只有一项的，无需填写的部分划"/"处理。

三、有城市管理行政执法部门名称并加盖印章，同时注明作出文书的日期。

四、本文书一式两份，一份送达被催告当事人，一份附卷归档，并与《送达回证》配套使用。

【法律依据】

《中华人民共和国行政强制法》（2011 年 6 月 30 日）

第五十四条 行政机关申请人民法院强制执行前，应当催告当事人履行义务。催告书送达十日后当事人仍未履行义务的，行政机关可以向所在地有管辖权的人民法院申请强制执行；执行对象是不动产的，向不动产所在地有管辖权的人民法院申请强制执行。

36. 代履行决定书

代履行决定书

_____（ ）城代决字〔   〕第   号

当事人：(姓名或名称)_____

地　址：(住所或住址)_____

　　因_____(理由)_____，本机关于___年___月___日对你（单位）作出《行政处罚决定书》(文号)，要求你（单位）于___年___月___日前_____(履行排除妨碍、恢复原状等义务的具体内容)_____。你（单位）未在规定期限内履行上述义务，本机关于___年___月___日作出《行政决定履行催告书》(文号)，经催告后你（单位）仍未履行。

　　鉴于你（单位）___(拒不履行排除妨碍、恢复原状等义务)___的行为，_____(已经或者将危害交通安全、造成环境污染或者破坏自然资源)_____，根据《中华人民共和国行政强制法》第五十条的规定，本机关决定□代履行□由_____(没有利害关系的第三人)_____代履行。

　　代履行的标的为_____。

　　代履行的方式为_____。

　　代履行的时间为_____。

　　代履行费用预算为（大写）_____元。

　　代履行费用由_____。

【制作指南】

代履行决定书，是城市管理行政执法部门对当事人逾期不履行，经催告仍不履行行政决定的，依法决定自行实施代履行或者委托没有利害关系的第三人代履行时制作的文书。

一、准确填写当事人的姓名或名称，并与身份证、营业执照等证明当事人主体资格的材料上保持一致。

二、写明实施代履行的理由，所依据的法律、法规或规章全称及具体条款，并注明代履行人。

三、写明实施代履行的标的、方式、时间。

四、写明实施代履行所需要的预算费用，附预算清单，并提出代履行费用的承担主体、缴纳方式及法律后果。

五、有城市管理行政执法部门名称并加盖印章，同时注明作出文书的日期。

六、本文书一式两份，一份送达当事人，一份附卷归档，并与《送达回证》配套使用。

【法律依据】

《中华人民共和国行政强制法》（2011 年 6 月 30 日）

第五十条 行政机关依法作出要求当事人履行排除妨碍、恢复原状等义务的行政决定，当事人逾期不履行，经催告仍不履行，其后果已经或者将危害交通安全、造成环境污染或者破坏自然资源的，行政机关可以代履行，或者委托没有利害关系的第三人代履行。

37. 代履行催告书

代履行催告书

_____ （ ）城代催字〔 〕第 号

___（自然人姓名或单位名称）___ ：

本机关于____年____月____日向你（单位）送达了《代履行决定书》（文号），根据《中华人民共和国行政强制法》第五十一条的规定，催告你（单位）自收到本催告书之日起三日内履行_____义务。逾期不履行的，□本机关 □___（没有利害关系的第三人）___ 将依法实施代履行。

行政执法机关全称（印章）

年 月 日

联 系 人：_____ 联系地址：_____

联系电话：_____ 邮政编码：_____

【制作指南】

代履行催告书，是城市管理行政执法部门自行实施或者委托没有利害关系的第三人实施代履行前，催告当事人依法履行义务的文书。

一、准确填写当事人的姓名或名称，并与身份证、营业执照等证明当事人主体资格的材料上保持一致。

二、当事人履行的具体义务应当与《代履行决定书》中要求当事人履行义务的具体内容保持一致。

三、有城市管理行政执法部门名称并加盖印章，同时注明作出文书的日期。

四、本文书一式两份，一份送达当事人，一份附卷归档，并与《送达回证》配套使用。

【法律依据】

《中华人民共和国行政强制法》（2011 年 6 月 30 日）

第五十一条　代履行应当遵守下列规定：

（一）代履行前送达决定书，代履行决定书应当载明当事人的姓名或者名称、地址，代履行的理由和依据、方式和时间、标的、费用预算以及代履行人；

（二）代履行三日前，催告当事人履行，当事人履行的，停止代履行；

（三）代履行时，作出决定的行政机关应当派员到场监督；

（四）代履行完毕，行政机关到场监督的工作人员、代履行人和当事人或者见证人应当在执行文书上签名或者盖章。

代履行的费用按照成本合理确定，由当事人承担。但是，法律另有规定的除外。

代履行不得采用暴力、胁迫以及其他非法方式。

38. 立即代履行决定书

立即代履行决定书

_____ ( ) 城立代决字〔   〕第   号

当事人：(姓名或名称)_____

地　　址：(住所或住址)_____

　　因你（单位）____(具体行为内容及立即代履行的理由)____，根据《中华人民共和国行政强制法》第五十二条以及____(其他法律的名称及具体条款)____的规定，本机关决定□立即代履行□由（没有利害关系的第三人）立即代履行。

　　代履行的标的为_____。

　　代履行的方式为_____。

　　代履行的时间为_____。

　　代履行费用预算为（大写）_____元。

　　代履行费用由_____。

　　附：预算清单

行政执法机关全称（印章）

年　　月　　日

联 系 人：_____　　　联系地址：_____

联系电话：_____　　　邮政编码：_____

【制作指南】

立即代履行决定书，是城市管理行政执法部门依法决定由本机关或没有利害关系的第三人立即实施代履行时制作的文书。

一、准确填写当事人的姓名或名称，并与身份证、营业执照等证明当事人主体资格的材料上保持一致。

二、写明当事人在何时、何地、实施了何种需要立即代履行的违法行为。

三、写明立即实施代履行的标的、方式、时间。

四、写明立即实施代履行所需要的预算费用，附预算清单，并提出代履行费用的承担主体、缴纳方式及法律后果。

五、有城市管理行政执法部门名称并加盖印章，同时注明作出文书的日期。

六、本文书一式两份，一份送达当事人，一份附卷归档，并与《送达回证》配套使用。

【法律依据】

《中华人民共和国行政强制法》（2011 年 6 月 30 日）

第五十二条　需要立即清除道路、河道、航道或者公共场所的遗洒物、障碍物或者污染物，当事人不能清除的，行政机关可以决定立即实施代履行；当事人不在场的，行政机关应当在事后立即通知当事人，并依法作出处理。

39. 立即代履行事后通知书

立即代履行事后通知书

_____（ ）城立代后通字〔 〕第 号

___（自然人姓名或单位名称）___：

　　因你（单位）____（具体行为内容及立即代履行的理由）____，根据《中华人民共和国行政强制法》第五十二条以及____（其他法律的名称及具体条款）____的规定，□本机关 □(没有利害关系的第三人) 已实施代履行。

　　代履行的标的为_____。

　　代履行的方式为_____。

　　代履行的时间为_____。

　　代履行费用为（大写）_____元。

　　代履行费用由_____。

　　附：费用清单

行政执法机关全称（印章）
年 月 日

联 系 人：_____　　联系地址：_____

联系电话：_____　　邮政编码：_____

【制作指南】

立即代履行事后通知书，是城市管理行政执法部门在依法作出立即代履行决定后由本机关或没有利害关系的第三人立即实施代履行后通知当事人时制作的文书。

一、准确填写当事人的姓名或名称，并与身份证、营业执照等证明当事人主体资格的材料上保持一致。

二、写明当事人在何时、何地、实施了何种需要立即代履行的违法行为。

三、写明立即实施代履行的标的、方式、时间。

四、写明立即实施代履行立即代履行产生的实际费用，附费用清单，并提出代履行费用的承担主体、缴纳方式及法律后果。

五、有城市管理行政执法部门名称并加盖印章，同时注明作出文书的日期。

六、本文书一式两份，一份送达当事人，一份附卷归档，并与《送达回证》配套使用。

【法律依据】

《中华人民共和国行政强制法》（2011 年 6 月 30 日）

第五十二条　需要立即清除道路、河道、航道或者公共场所的遗洒物、障碍物或者污染物，当事人不能清除的，行政机关可以决定立即实施代履行；当事人不在场的，行政机关应当在事后立即通知当事人，并依法作出处理。

40. 代履行完毕确认书

代履行完毕确认书

<table>
<tr><td rowspan="19">当事人</td><td rowspan="6">个人</td><td>姓　名</td><td></td><td>出生年月</td><td></td></tr>
<tr><td>性　别</td><td></td><td>联系电话</td><td></td></tr>
<tr><td>身份证或其他
有效证件号码</td><td colspan="3"></td></tr>
<tr><td>住　址</td><td colspan="3"></td></tr>
<tr><td>工作单位</td><td colspan="3"></td></tr>
<tr><td rowspan="8">个体工商户</td><td>字　号</td><td colspan="3"></td></tr>
<tr><td>经营场所</td><td colspan="3"></td></tr>
<tr><td rowspan="6">经营者</td><td>姓　名</td><td colspan="2"></td></tr>
<tr><td>性　别</td><td colspan="2"></td></tr>
<tr><td>出生年月</td><td colspan="2"></td></tr>
<tr><td>联系电话</td><td colspan="2"></td></tr>
<tr><td>身份证或其他
有效证件号码</td><td colspan="2"></td></tr>
<tr><td>住　址</td><td colspan="2"></td></tr>
<tr><td rowspan="4">法人和其他组织</td><td>名　称</td><td colspan="3"></td></tr>
<tr><td>法定代表人
或负责人</td><td></td><td>职　务</td><td></td></tr>
<tr><td>统一社会
信用代码</td><td></td><td>联系电话</td><td></td></tr>
<tr><td>住　所</td><td colspan="3"></td></tr>
</table>

续　表

代履行文号	
代履行时间	年　月　日　时　分至　年　月　日　时　分
代履行人	
代履行费用	
代履行简要过程及结果	
监督人签名：	年　月　日
代履行人签名：	年　月　日
当事人签名：	年　月　日
现场见证人签名：	年　月　日

【制作指南】

代履行完毕确认书，是城市管理行政执法部门在代履行实施完毕后用于记录代履行过程以及结果的文书。

一、"当事人"栏填写代履行当事人的有关情况，其中当事人姓名或名称应当与身份证、营业执照等证明当事人主体资格的材料上保持一致。

二、"时间"栏填写实施代履行的起止时间，具体到分，并采用 24 小时制。

三、如实记录代履行的简要过程与结果，并应当附有代履行实施完毕后现场照片，必要时可以对代履行实施过程进行拍摄。

四、当事人拒绝签名或者不能签名的，应当注明；有现场见证人的，应当请现场见证人签名证明。

【法律依据】

《中华人民共和国行政强制法》（2011 年 6 月 30 日）

第五十条 行政机关依法作出要求当事人履行排除妨碍、恢复原状等义务的行政决定，当事人逾期不履行，经催告仍不履行，其后果已经或者将危害交通安全、造成环境污染或者破坏自然资源的，行政机关可以代履行，或者委托没有利害关系的第三人代履行。

第五十一条 代履行应当遵守下列规定：

（一）代履行前送达决定书，代履行决定书应当载明当事人的姓名或者名称、地址，代履行的理由和依据、方式和时间、标的、费用预算以及代履行人；

（二）代履行三日前，催告当事人履行，当事人履行的，停止代履行；

（三）代履行时，作出决定的行政机关应当派员到场监督；

（四）代履行完毕，行政机关到场监督的工作人员、代履行人和当事人或者见证人应当在执行文书上签名或者盖章。

代履行的费用按照成本合理确定，由当事人承担。但是，法律另有规定的除外。

代履行不得采用暴力、胁迫以及其他非法方式。

第五十二条 需要立即清除道路、河道、航道或者公共场所的遗洒物、障碍物或者污染物，当事人不能清除的，行政机关可以决定立即实施代履行；当事人不在场的，行政机关应当在事后立即通知当事人，并依法作出处理。

41. 代履行费用追缴决定书

代履行费用追缴决定书

_____ （ ） 城代追决字 〔   〕 第   号

当事人：(姓名或名称)_____

地　址：(住所或住址)_____

　　你（单位）的____（实施代履行的标的）____，本机关于___年___月___日决定：□由本机关依法_____（实施代履行的方式）____

□由____（没有利害关系的第三人）____依法_____（实施代履行的方式）____。

　　根据《中华人民共和国行政强制法》第五十一条以及_____（其他法律的名称及具体条款）____的规定，代履行产生的费用依法应当由你（单位）承担。本次代履行费用共计（大写）_____元，请你（单位）在收到本决定书之日起___日内，_____（代履行费用缴纳方式）____。逾期不缴纳罚款的，本机关将依法向人民法院申请强制执行。

行政执法机关全称（印章）

年　　月　　日

联 系 人：_____   联系地址：_____

联系电话：_____   邮政编码：_____

【制作指南】

代履行费用追缴决定书，是城市管理行政执法部门依法向被代履行人追缴代履行费用的文书。

一、准确填写当事人的姓名或名称，并与身份证、营业执照等证明当事人主体资格的材料上保持一致。

二、写明实施代履行的标的、时间、方式。

三、准确列明所依据的法律、法规或规章的全称及具体条款。

四、写明代履行产生的实际费用。同时应当注明代履行费用的缴纳期限及方式。

五、有城市管理行政执法部门名称并加盖印章，同时注明作出文书的日期。

六、本文书一式两份，一份送达当事人，一份附卷归档，并与《送达回证》配套使用。

【法律依据】

《中华人民共和国行政强制法》（2011 年 6 月 30 日）

第五十一条 代履行应当遵守下列规定：

（一）代履行前送达决定书，代履行决定书应当载明当事人的姓名或者名称、地址，代履行的理由和依据、方式和时间、标的、费用预算以及代履行人；

（二）代履行三日前，催告当事人履行，当事人履行的，停止代履行；

（三）代履行时，作出决定的行政机关应当派员到场监督；

（四）代履行完毕，行政机关到场监督的工作人员、代履行人和当事人或者见证人应当在执行文书上签名或者盖章。

代履行的费用按照成本合理确定，由当事人承担。但是，法律另有规定的除外。

代履行不得采用暴力、胁迫以及其他非法方式。

42. 中止强制执行通知书

中止强制执行通知书

_____（　）城止强执通字〔　　　〕第　　号

　　（自然人姓名或单位名称）　：

　　因_____（中止执行的情形及理由）_____，根据《中华人民共和国行政强制法》第三十九条的规定，本机关决定中止执行____年____月____日作出的_____（行政强制执行决定文书名称、文号及简要内容）_____。中止执行的情形消失后，本机关将依法恢复执行。

行政执法机关全称（印章）

年　　月　　日

联　系　人：_____　　联系地址：_____

联系电话：_____　　邮政编码：_____

【制作指南】

中止强制执行通知书，是城市管理行政执法部门依法予以中止强制执行时制作的文书。

一、准确填写当事人的姓名或名称，并与身份证、营业执照等证明当事人主体资格的材料上保持一致。

二、写明符合《中华人民共和国行政强制法》第三十九条所列中止执行情形和理由。

三、有城市管理行政执法部门名称并加盖印章，同时注明作出文书的日期。

四、本文书一式两份，一份送达当事人，一份附卷归档，并与《送达回证》配套使用。

【法律依据】

《中华人民共和国行政强制法》（2011 年 6 月 30 日）

第三十九条 有下列情形之一的，中止执行：

（一）当事人履行行政决定确有困难或者暂无履行能力的；

（二）第三人对执行标的主张权利，确有理由的；

（三）执行可能造成难以弥补的损失，且中止执行不损害公共利益的；

（四）行政机关认为需要中止执行的其他情形。

中止执行的情形消失后，行政机关应当恢复执行。对没有明显社会危害，当事人确无能力履行，中止执行满三年未恢复执行的，行政机关不再执行。

43. 执行协议

执 行 协 议

当 事 人：(自然人姓名或单位名称)_____

执行机关：(执行机关名称)_____

因_____(案由)_____一案，执行机关于____年____月____日作出

《行政处罚决定书》(文号)，要求当事人于____年____月____日前履行____

_____(履行义务的方式及内容)_____。当事人未在规定期限内履行。经催告，

当事人逾期仍未履行上述义务，执行机关于____年____月____日作出_____

(行政强制执行决定文书名称、文号及简要内容)_____。

执行前，当事人与执行机关协商，经协商一致达成如下协议：

一、当事人对《行政处罚决定书》(文号)认定的事实、确定的义务不

持异议。

二、双方约定：

□当事人确保按如下期限(分阶段)履行义务：在____年____月____日

前_____(缴纳罚款(大写)____元/履行____义务)；在____年____月

____日前_____(缴纳罚款(大写)元/履行____义务)_____。

□当事人如在约定期限内_____(采取补救措施的内容)_____，执行

机关将减免加处的罚款/滞纳金(大写)_____元。

三、当事人未按上述约定履行义务时，本协议失效，执行机关将____(依

法恢复强制执行/依法申请人民法院强制执行)_____。

四、本协议自当事人与执行机关签字盖章后生效。

当事人(签字或盖章)：　　　　　　执行机关(盖章)：

　　　年　月　日　　　　　　　　　　年　月　日

【制作指南】

　　执行协议，是城市管理行政执法部门在实施行政强制执行过程中与当事人就执行的内容和方式达成协议的文书。

　　一、准确填写当事人的姓名或名称，并与身份证、营业执照等证明当事人主体资格的材料上保持一致。

　　二、执行协议可以约定分阶段履行，分阶段履行的应当写明各阶段履行期限及内容。

　　三、执行协议应当由当事人签字或盖章及城市管理行政执法部门盖章，同时注明作出文书的日期。

　　四、本协议一式两份，一份交当事人，一份附卷归档。

【法律依据】

　　《中华人民共和国行政强制法》（2011 年 6 月 30 日）

　　第四十二条　实施行政强制执行，行政机关可以在不损害公共利益和他人合法权益的情况下，与当事人达成执行协议。执行协议可以约定分阶段履行；当事人采取补救措施的，可以减免加处的罚款或者滞纳金。

　　执行协议应当履行。当事人不履行执行协议的，行政机关应当恢复强制执行。

44. 恢复强制执行通知书

恢复强制执行通知书

_____ （ ） 城恢强执通字〔   〕第   号

___(自然人姓名或单位名称)___ ：

　　本机关于___年___月___日对 _你（单位）_ 作出___(中止强制执行通知书名称及文号或执行协议内容)___。现因___(恢复执行的理由，包括中止执行的情形已消失或未履行执行协议约定的义务等)___，根据《中华人民共和国行政强制法》___(第三十九条或第四十二条)___的规定，本机关决定恢复执行___年___月___日作出的___(行政强制执行决定书名称及文号或执行协议等内容)___。

行政执法机关全称（印章）

年　　月　　日

联 系 人：_____　　　联系地址：_____

联系电话：_____　　　邮政编码：_____

【制作指南】

恢复强制执行通知书，是城市管理行政执法部门依法恢复强制执行时制作的文书。

一、准确填写当事人的姓名或名称，并与身份证、营业执照等证明当事人主体资格的材料上保持一致。

二、准确填写所依据的法律、法规或者规章的全称及具体条款。

三、写明恢复执行的理由及依据。

四、有城市管理行政执法部门名称并加盖印章，同时注明作出文书的日期。

五、本文书一式两份，一份送达当事人，一份附卷归档，并与《送达回证》配套使用。

【法律依据】

《中华人民共和国行政强制法》（2011 年 6 月 30 日）

第三十九条 有下列情形之一的，中止执行：

（一）当事人履行行政决定确有困难或者暂无履行能力的；

（二）第三人对执行标的主张权利，确有理由的；

（三）执行可能造成难以弥补的损失，且中止执行不损害公共利益的；

（四）行政机关认为需要中止执行的其他情形。

中止执行的情形消失后，行政机关应当恢复执行。对没有明显社会危害，当事人确无能力履行，中止执行满三年未恢复执行的，行政机关不再执行。

第四十二条 实施行政强制执行，行政机关可以在不损害公共利益和他人合法权益的情况下，与当事人达成执行协议。执行协议可以约定分阶段履行；当事人采取补救措施的，可以减免加处的罚款或者滞纳金。

执行协议应当履行。当事人不履行执行协议的，行政机关应当恢复强制执行。

45. 终结强制执行通知书

终结强制执行通知书

_____（ ）城终强执通字〔   〕第   号

___(自然人姓名或单位名称)___：

　　因_____(终结执行的情形及理由)_____，现根据《中华人民共和国行政强制法》第四十条的规定，有_____情形的，行政机关应当终结执行。故本机关决定对___年___月___日作出的_____(行政强制执行决定文书名称、文号及简要内容)_____，终结执行。

行政执法机关全称（印章）
年　　月　　日

联 系 人：_____　　　　联系地址：_____

联系电话：_____　　　　邮政编码：_____

【制作指南】

终结强制执行通知书，是城市管理行政执法部门依法予以终结强制执行并通知当事人时制作的文书。

一、准确填写当事人的姓名或名称，并与身份证、营业执照等证明当事人主体资格的材料上保持一致。

二、写明终结执行的情形、理由和依据。

三、有城市管理行政执法部门名称并加盖印章，同时注明作出文书的日期。

四、本文书一式两份，一份送达当事人，一份附卷归档，并与《送达回证》配套使用。

【法律依据】

《中华人民共和国行政强制法》（2011 年 6 月 30 日）

第四十条 有下列情形之一的，终结执行：

（一）公民死亡，无遗产可供执行，又无义务承受人的；

（二）法人或者其他组织终止，无财产可供执行，又无义务承受人的；

（三）执行标的灭失的；

（四）据以执行的行政决定被撤销的；

（五）行政机关认为需要终结执行的其他情形。

46. 行政强制执行现场笔录

行政强制执行现场笔录

案　　由：_____

时　　间：___年___月___日___时___分至___时___分

地　　点：_____记录人：_____

行政执法人员：_____执法证件号：_____

　　　　　　　_____执法证件号：_____

当　事　人：_____

现场见证人：_____

现场情况记录：____（参加人员情况，行政执法人员出示证件、表明身份的记录，实施行政强制执行过程和结果等。）

_____

_____

_____

_____

(笔录尾页应当注明"上述笔录内容，记录属实"。)

当事人签名：_____　___年___月___日

现场见证人签名：_____　___年___月___日

行政执法人员签名：_____、_____　___年___月___日

其他人员签名：_____　___年___月___日

备注：

第　页共　页

【制作指南】

行政强制执行现场笔录，是城市管理行政执法部门依法对实施行政强制执行的现场情况予以记录的文书。

一、"案由"栏按照"当事人姓名或名称＋违法行为性质＋案"的格式填写。

二、"时间"栏填写实施行政强制执行的起止时间，具体到分，并采用24小时制。

三、"地点"栏填写实施行政强制执行的具体地点，注明具体门牌号或具体位置。

四、"当事人"栏填写当事人的有关情况，其中当事人姓名或名称应当与身份证、营业执照等证明当事人主体资格的材料上保持一致。

五、"现场见证人"栏填写现场见证人的姓名、年龄、性别、身份证号、职业、联系电话等情况，并附有居民身份证复印件等证明证人身份的文件。

六、笔录无需填写的部分划"/"处理。

七、笔录应当交由当事人核实后签名确认，当事人拒绝签名或者不能签名的，应当注明；有证人在场的，应当请证人证明。

八、笔录因书写错误需要修改的，应当将需修改处划去，在旁边空隙处书写正确的文字，修改处应当由相关人员按手印或签名确认。

九、在笔录每页的右下角填写每页笔录的对应页码及笔录总页数。

【法律依据】

《中华人民共和国行政强制法》（2011 年 6 月 30 日）

第十八条 行政机关实施行政强制措施应当遵守下列规定：

（一）实施前须向行政机关负责人报告并经批准；

（二）由两名以上行政执法人员实施；

（三）出示执法身份证件；

（四）通知当事人到场；

（五）当场告知当事人采取行政强制措施的理由、依据以及当事人依法享有的权利、救济途径；

（六）听取当事人的陈述和申辩；

（七）制作现场笔录；

（八）现场笔录由当事人和行政执法人员签名或者盖章，当事人拒绝的，在笔录中予以注明；

（九）当事人不到场的，邀请见证人到场，由见证人和行政执法人员在现场笔录上签名或者盖章；

（十）法律、法规规定的其他程序。

（六）其他文书

47. 责令停工通知书

责令停工通知书

_____（　）城停通字〔　　　〕第　　号

____（自然人姓名或单位名称）____：

　　本机关于____年____月____日对你（单位）进行了执法检查，发现你（单位）在_____（具体地点）_____，涉嫌进行_____的行为。

　　你（单位）的上述行为已涉嫌违反_____的规定，现责令你（单位）立即停止上述行为，并在接到本通知之日起____日内携带下列材料到____（承办机构）_____接受调查处理：

　　1. 上述行为的书面情况说明；

　　2. 身份证明材料（当事人是自然人的，携带身份证原件及复印件；当事人是法人或者其他组织（包括个体工商户）的，携带单位营业执照（或组织机构代码证）、法定代表人的身份证原件及复印件和身份证明，委托他人接受询问的，还应当携带受托人身份证原件及复印件和授权委托书。）；

　　3. _____；

　　4. _____。

行政执法机关全称（印章）

年　　月　　日

联 系 人：_____　　　联系地址：_____

联系电话：_____　　　邮政编码：_____

【制作指南】

责令停工通知书，是城市管理行政执法部门经过执法检查后认为行为人涉嫌违法建设，需要立即停工并要求行为人接受调查处理的文书。

一、准确填写当事人的姓名或名称，并与身份证、营业执照等证明当事人主体资格的材料上保持一致。

二、写明涉嫌违法行为当事人实施具体行为的时间、地点、事项。

三、准确列明所依据的法律、法规或规章的全称及具体条款。

四、明确接受调查处理的期限。

五、列明当事人接受调查处理时需要携带的相关材料。

六、有城市管理行政执法部门名称并加盖印章，同时注明作出文书的日期。

七、本文书一式两份，一份送达当事人，一份附卷归档，并与《送达回证》配套使用。

【法律依据】

《中华人民共和国行政处罚法》（2021 年 1 月 22 日）

第九条 行政处罚的种类：

（一）警告、通报批评；

（二）罚款、没收违法所得、没收非法财物；

（三）暂扣许可证件、降低资质等级、吊销许可证件；

（四）限制开展生产经营活动、责令停产停业、责令关闭、限制从业；

（五）行政拘留；

（六）法律、行政法规规定的其他行政处罚。

48. 解除停工通知书

解除停工通知书

_____（　）城解停通字〔　　〕第　号

___(自然人姓名或单位名称)___：

经查，你（单位）于___年___月___日，在____（具体地点）____涉嫌进行_____的行为。根据_____的规定，本机关于___年___月___日下达了《责令停工通知书》（文号）。

经查，你（单位）已_____（阐述解除停工的依据和理由）_____。本机关通知你（单位），自___年___月___日起解除《责令停工通知书》（文号）。

行政执法机关全称（印章）
年　　月　　日

联 系 人：_____　　联系地址：_____
联系电话：_____　　邮政编码：_____

【制作指南】

解除停工通知书，是城市管理行政执法部门经过调查核实后依法向当事人发出解除停工通知的文书。

一、准确填写当事人的姓名或名称，并与身份证、营业执照等证明当事人主体资格的材料上保持一致。

二、写明涉嫌违法行为当事人实施具体行为的时间、地点、事项。

三、准确列明所依据的法律、法规或规章的全称及具体条款。

四、有城市管理行政执法部门名称并加盖印章，同时注明作出文书的日期。

五、本文书一式两份，一份送达当事人，一份附卷归档，并与《送达回证》配套使用。

【法律依据】

《中华人民共和国行政处罚法》（2021 年 1 月 22 日）

第九条　行政处罚的种类：

（一）警告、通报批评；

（二）罚款、没收违法所得、没收非法财物；

（三）暂扣许可证件、降低资质等级、吊销许可证件；

（四）限制开展生产经营活动、责令停产停业、责令关闭、限制从业；

（五）行政拘留；

（六）法律、行政法规规定的其他行政处罚。

49. 不予立案告知书

不予立案告知书

_____（ ）城不立告字〔   〕第   号

___（自然人姓名或单位名称）___：

你（单位）于___年___月___日□投诉举报 □检查发现 □媒体披露 □部门移送_____（被举报人姓名或名称）___的_____行为，经审查，本机关认为_____（不予立案理由）_____，不符合立案条件，根据_____的规定，决定不予立案。

行政执法机关全称（印章）

年　　月　　日

联 系 人：_____　　联系地址：_____

联系电话：_____　　邮政编码：_____

【制作指南】

不予立案告知书，是城市管理行政执法部门接到投诉举报、检查发现、媒体披露以及部门移送后，经审查发现不符合立案条件的，向提供信息来源的自然人和单位告知不予立案的文书。

一、在信息来源方式前的"□"处划"√"，并填写日期。

二、写明被举报人实施具体行为的具体事项。

三、准确列明所依据的法律、法规或规章的全称及具体条款。

四、有城市管理行政执法部门名称并加盖印章，同时注明作出文书的日期。

五、本文书一式两份，一份送达相关主体，一份附卷归档，并与《送达回证》配套使用。

【法律依据】

《中华人民共和国行政处罚法》（2021 年 1 月 22 日）

第五十四条　除本法第五十一条规定的可以当场作出的行政处罚外，行政机关发现公民、法人或者其他组织有依法应当给予行政处罚的行为的，必须全面、客观、公正地调查，收集有关证据；必要时，依照法律、法规的规定，可以进行检查。

符合立案标准的，行政机关应当及时立案。

50. 送达地址确认书

送达地址确认书

案　由		立案号	
当事人填写送达地址确认书的告知事项	1. 为便于当事人及时收到文书，保证执法程序顺利进行，当事人应当如实提供准确的送达地址。 2. 确认的送达地址适用于本案各个行政执法阶段，包括调查、处理、执行； 3. 处理期间如果送达地址变更，应当及时告知。 4. 如果提供的地址不准确或不及时告知变更后的地址，导致执法文书未能被当事人实际接收的。直接送达的，文书留在该地址之日为送达之日；邮寄送达的，文书被退回之日为送达之日。		
当事人提供自己的送达地址	本人确认下列地址为送达地址： 地址： 收件人（代收人）： 电话（手机）： 邮编：		
当事人对自己送达地址的确认	我已经阅读了（听明白）上述告知事项，并保证上述送达地址是准确的。 　　当事人签名、盖章或按手印： 　　　　　　　　　　　　　　年　　月　　日		
行政执法人员签名	联系电话： 　　　　　　　　　　　　　　年　　月　　日		
备　　注			

【制作指南】

送达地址确认书，是城市管理行政执法部门为确保文书送达合法、有效而要求当事人对送达地址及相关情况进行书面确认的文书。

一、准确填写案由、立案号、送达地址等内容。若当事人本人不能签收的，还应当要求当事人指明代收人，并写明准确的送达地址。

二、应当有 2 名以上行政执法人员签名并注明日期。

【法律依据】

1. 《中华人民共和国行政处罚法》（2021 年 1 月 22 日）

第六十一条　行政处罚决定书应当在宣告后当场交付当事人；当事人不在场的，行政机关应当在七日内依照《中华人民共和国民事诉讼法》的有关规定，将行政处罚决定书送达当事人。

当事人同意并签订确认书的，行政机关可以采用传真、电子邮件等方式，将行政处罚决定书等送达当事人。

2. 《中华人民共和国行政强制法》（2011 年 6 月 30 日）

第三十八条　催告书、行政强制执行决定书应当直接送达当事人。当事人拒绝接收或者无法直接送达当事人的，应当依照《中华人民共和国民事诉讼法》的有关规定送达。

3. 《城市管理执法办法》（2017 年 1 月 24 日）

第三十三条　行政执法文书的送达，依照民事诉讼法等法律规定执行。

当事人提供送达地址或者同意电子送达的，可以按照其提供的地址或者传真、电子邮件送达。

采取直接、留置、邮寄、委托、转交等方式无法送达的，可以通过报纸、门户网站等方式公告送达。

51. 送达回证

送 达 回 证

送达机关盖章：

送达文书名称	
送达文书文号	
受 送 达 人	
送 达 时 间	年　月　日
送 达 地 点	
送 达 方 式	
受 送 达 人 签 名 或 盖 章	年　月　日
代收人签名或 盖章及代收原因	（与受送达人的关系：　　　　　　） 年　月　日
现场见证人签名	年　月　日
送 达 人 签 名	年　月　日
备　　注	

【制作指南】

送达回证，是城市管理行政执法部门记载相关文书已经送达的书面凭证。

一、送达文书的名称和相应的文号应当与实际送达的保持一致。

二、受送达人姓名或名称应当与身份证、营业执照等证明当事人主体资格的材料上保持一致。

三、注明送达方式，如直接送达、留置送达、邮寄送达、电子送达、委托送达、转交送达和公告送达。

四、受送达人本人签收的，应当签名或盖章并注明收件日期。

五、由代收人签收的，应当注明代收原因及与受送达人的关系、收件日期。

六、受送达人拒收的，送达人应当在备注栏注明拒收的理由和日期。

七、有 2 名以上执行送达的行政执法人员签名。

八、送达回证应当加盖城市管理行政执法部门印章。

【法律依据】

1. 《中华人民共和国行政处罚法》（2021 年 1 月 22 日）

第六十一条　行政处罚决定书应当在宣告后当场交付当事人；当事人不在场的，行政机关应当在七日内依照《中华人民共和国民事诉讼法》的有关规定，将行政处罚决定书送达当事人。

当事人同意并签订确认书的，行政机关可以采用传真、电子邮件等方式，将行政处罚决定书等送达当事人。

2. 《中华人民共和国行政强制法》（2011 年 6 月 30 日）

第三十八条　催告书、行政强制执行决定书应当直接送达当事人。当事人拒绝接收或者无法直接送达当事人的，应当依照《中华人民共和国民事诉讼法》的有关规定送达。

3. 《城市管理执法办法》（2017 年 1 月 24 日）

第三十三条　行政执法文书的送达，依照民事诉讼法等法律规定执行。

当事人提供送达地址或者同意电子送达的，可以按照其提供的地址或者传真、电子邮件送达。

采取直接、留置、邮寄、委托、转交等方式无法送达的，可以通过报纸、门户网站等方式公告送达。

52. 回避决定书

回 避 决 定 书

_____ （ ） 城避决字 〔   〕 第   号

申请人：(自然人姓名或单位名称)_____

被申请人：_____

工作单位及职务：_____

　　你（单位）于____年____月____日申请办理_____(案由)_____一案的被申请人回避，理由是_____。

　　经审查，本机关认为_____(同意或驳回决定的理由)_____。根据_____

_____的规定，决定如下：

_____(同意回避申请或驳回回避申请)_____。

行政执法机关全称（印章）

年　　月　　日

联 系 人：_____　　联系地址：_____

联系电话：_____　　邮政编码：_____

【制作指南】

回避决定书，是城市管理行政执法部门对当事人提出的回避申请依法作出决定的文书。

一、写明申请人、被申请人的有关情况。

二、写明申请人提出申请的时间、理由。

三、案由按照"当事人姓名或名称＋涉嫌＋违法行为性质＋案"的格式填写。

四、写明同意或驳回决定的理由和依据。

五、有明确同意回避申请或驳回回避申请的决定内容。

六、有城市管理行政执法部门名称并加盖印章，同时注明作出文书的日期。

七、本文书一式两份，一份送达申请人，一份附卷归档，并与《送达回证》配套使用。

【法律依据】

1.《中华人民共和国行政处罚法》（2021 年 1 月 22 日）

第四十三条 执法人员与案件有直接利害关系或者有其他关系可能影响公正执法的，应当回避。

当事人认为执法人员与案件有直接利害关系或者有其他关系可能影响公正执法的，有权申请回避。

当事人提出回避申请的，行政机关应当依法审查，由行政机关负责人决定。决定作出之前，不停止调查。

第六十四条 听证应当依照以下程序组织：

（一）当事人要求听证的，应当在行政机关告知后五日内提出；

（二）行政机关应当在举行听证的七日前，通知当事人及有关人员听证的时间、地点；

（三）除涉及国家秘密、商业秘密或者个人隐私依法予以保密外，听证公开举行；

（四）听证由行政机关指定的非本案调查人员主持；当事人认为主持人与本案有直接利害关系的，有权申请回避；

（五）当事人可以亲自参加听证，也可以委托一至二人代理；

（六）当事人及其代理人无正当理由拒不出席听证或者未经许可中途退出听证的，视为放弃听证权利，行政机关终止听证；

（七）举行听证时，调查人员提出当事人违法的事实、证据和行政处罚建议，当事人进行申辩和质证；

（八）听证应当制作笔录。笔录应当交当事人或者其代理人核对无误后签字或者盖章。当事人或者其代理人拒绝签字或者盖章的，由听证主持人在笔录中注明。

2.《城市管理执法行为规范》（2018 年 9 月 5 日）

第八条 城市管理执法人员应当依据法定权限、范围、程序、时限履行职责，不得有下列行为：

（一）选择性执法；

（二）威胁、辱骂、殴打行政相对人；

（三）工作期间饮酒，酒后执勤、值班；

（四）为行政相对人通风报信、隐瞒证据、开脱责任；

（五）打击报复行政相对人；

（六）其他违反工作纪律的行为。

城市管理执法人员与行政相对人有直接利害关系或可能影响公正执法的关系时，应当回避。

53. 物品处理记录

物品处理记录

物品来源：＿＿＿＿＿＿＿＿＿＿＿＿＿＿＿＿＿＿＿＿＿＿＿＿＿＿

时　　间：＿＿年＿＿月＿＿日＿＿时＿＿分至＿＿时＿＿分

地　　点：＿＿＿＿＿＿＿＿＿＿＿＿＿＿＿＿＿＿＿＿＿＿＿＿＿＿

原 物 主：＿＿＿＿＿＿＿＿＿＿＿＿＿＿＿＿＿＿＿＿＿＿＿＿＿＿

执 行 人：＿＿＿＿＿＿＿＿＿＿＿＿＿＿＿＿＿＿＿＿＿＿＿＿＿＿

记 录 人：＿＿＿＿＿＿＿＿＿＿＿＿＿＿＿＿＿＿＿＿＿＿＿＿＿＿

现场见证人：＿＿＿＿＿＿＿＿＿＿＿＿＿＿＿＿＿＿＿＿＿＿＿＿＿

处理情况：　（写明处理的标的物名称、数量以及处理的依据、简要经过、结果等情况。）＿＿＿＿＿＿＿＿＿＿＿＿＿＿＿＿＿＿＿＿＿＿＿＿＿

＿＿＿＿＿＿＿＿＿＿＿＿＿＿＿＿＿＿＿＿＿＿＿＿＿＿＿＿＿＿＿＿

＿＿＿＿＿＿＿＿＿＿＿＿＿＿＿＿＿＿＿＿＿＿＿＿＿＿＿＿＿＿＿＿

＿＿＿＿＿＿＿＿＿＿＿＿＿＿＿＿＿＿＿＿＿＿＿＿＿＿＿＿＿＿＿＿

＿＿＿＿＿＿（笔录尾页应当注明"以上记录已看过，情况属实"。）＿＿

执行人签名：＿＿＿＿＿＿＿＿＿＿＿＿＿＿＿＿＿　＿＿＿年＿＿月＿＿日

记录人签名：＿＿＿＿＿＿＿＿＿＿＿＿＿＿＿＿＿　＿＿＿年＿＿月＿＿日

现场见证人签名：＿＿＿＿＿＿＿＿＿＿＿＿＿＿＿　＿＿＿年＿＿月＿＿日

当事人签名：＿＿＿＿＿＿＿＿＿＿＿＿＿＿＿＿＿　＿＿＿年＿＿月＿＿日

备　注：

第　页共　页

【制作指南】

物品处理记录，是城市管理行政执法部门对执法办案过程中依法先行登记保存、查扣、没收物品的处理情况进行记录时制作的文书。

一、"物品来源"栏应当填明依据先行登记保存证据、查封、扣押、行政处罚等决定文书的名称和具体文号。

二、"时间"栏填写处理相关物品的起止时间，具体到分，并采用24小时制。

三、"地点"栏填写实施物品处理的具体地点，注明具体门牌号或具体位置。

四、"原物主"栏填写物品被处理前所有人的姓名或名称，如处理物品为无主物，原物主一栏可填无主。

五、"执行人"栏应当写明参与物品处理行政执法人员的姓名及执法证件号。物品处理时应当有2名及以上人员在场。

六、"记录人"栏填写记录人的姓名和执法证件号。记录人原则上是物品处理人中的1名人员。

七、"现场见证人"栏填写现场见证人的姓名、年龄、性别、身份证号、职业、联系电话等情况，并附有居民身份证复印件等证明证人身份的文件。

八、笔录无需填写的部分划"／"处理。

九、处理记录应当交原物主签名确认并注明日期，还应当签署"以上记录已看过，情况属实"等字样。执行人、记录人也应当签名并注明日期。如果原物主拒绝签字或者处理物品为无主物的，应当注明情况并邀请见证人见证签名并注明日期。

十、笔录因书写错误需要修改的，应当将需修改处划去，在旁边空隙处书写正确的文字，修改处应当由相关人员按手印或签名确认。

十一、在笔录每页的右下角填写每页笔录的对应页码及笔录总页数。

【法律依据】

1.《中华人民共和国行政处罚法》（2021年1月22日）

第七十二条 当事人逾期不履行行政处罚决定的，作出行政处罚决定的行政机关可以采取下列措施：

（一）到期不缴纳罚款的，每日按罚款数额的百分之三加处罚款，加处罚款的数额不得超出罚款的数额；

（二）根据法律规定，将查封、扣押的财物拍卖、依法处理或者将冻结的存款、汇款划拨抵缴罚款；

（三）根据法律规定，采取其他行政强制执行方式；

（四）依照《中华人民共和国行政强制法》的规定申请人民法院强制执行。

行政机关批准延期、分期缴纳罚款的，申请人民法院强制执行的期限，自暂缓或者分期缴纳罚款期限结束之日起计算。

第七十四条 除依法应当予以销毁的物品外，依法没收的非法财物必须按照国家规定公开拍卖或者按照国家有关规定处理。

罚款、没收的违法所得或者没收非法财物拍卖的款项，必须全部上缴国库，任何行政机关或者个人不得以任何形式截留、私分或者变相私分。

罚款、没收的违法所得或者没收非法财物拍卖的款项，不得同作出行政处罚决定的行政机关及其工作人员的考核、考评直接或者变相挂钩。除依法应当退还、退赔的外，财政部门不得以任何形式向作出行政处罚决定的行政机关返还罚款、没收的违法所得或者没收非法财物拍卖的款项。

2.《中华人民共和国行政强制法》（2011 年 6 月 30 日）

第二十八条 有下列情形之一的，行政机关应当及时作出解除查封、扣押决定：

（一）当事人没有违法行为；

（二）查封、扣押的场所、设施或者财物与违法行为无关；

（三）行政机关对违法行为已经作出处理决定，不再需要查封、扣押；

（四）查封、扣押期限已经届满；

（五）其他不再需要采取查封、扣押措施的情形。

解除查封、扣押应当立即退还财物；已将鲜活物品或者其他不易保管的财物拍卖或者变卖的，退还拍卖或者变卖所得款项。变卖价格明显低于市场价格，给当事人造成损失的，应当给予补偿。

3.《城市管理执法办法》（2017 年 1 月 24 日）

第二十九条 城市管理执法主管部门对查封、扣押的物品，应当妥善保管，不得使用、截留、损毁或者擅自处置。查封、扣押的物品属非法物品的，移送有关部门处理。

第三十九条 城市管理执法主管部门违反本办法规定，有下列行为之一

的，由上级城市管理执法主管部门或者有关部门责令改正，通报批评；情节
严重的，对直接负责的主管人员和其他直接责任人员依法给予处分。

（一）没有法定依据实施行政处罚的；

（二）违反法定程序实施行政处罚的；

（三）以罚款、没收违法所得作为经费来源的；

（四）使用、截留、损毁或者擅自处置查封、扣押物品的；

（五）其他违反法律法规和本办法规定的。

4.《城市管理执法行为规范》（2018 年 9 月 5 日）

第十二条 城市管理执法人员应当依法实施证据先行登记保存或查封场
所设施、扣押财物。

对先行登记保存或扣押的财物，城市管理执法人员应当妥善保管，不得
使用、截留、损毁或者擅自处置。

二、内部文书

（一）立案阶段

54. 检查记录

检 查 记 录

检查时间	年　月　日　时　分至　时　分				
检查方式					
检查人员		执法证件号			
检查人员		执法证件号			
检查对象	个人	姓　名		出生年月	
		性　别		联系电话	
		身份证或其他有效证件号码			
		住　址			
		工作单位			
	个体工商户	字　号			
		经营场所			
		经营者	姓　名		
			性　别		
			出生年月		
			联系电话		
			身份证或其他有效证件号码		
			住　址		

续　表

检查对象	法人和其他组织	名　　称			
		法定代表人或负责人		职　　务	
		统一社会信用代码		联系电话	
		住　　所			
检查情况摘要： 检查人员签名： 年　月　日					
负责人意见		 负责人签名： 年　月　日			

附：现场勘验（检查）笔录、现场照片、现场勘验图

【制作指南】

检查记录，是城市管理行政执法部门依照职权进行监督检查时，对检查有关情况进行记载的文书。

一、"时间"栏填写检查的起止时间，具体到分，并采用 24 小时制。

二、"方式"栏填写具体检查方式，包括执法巡查、随机抽查、针对投诉举报检查等。

三、"检查人员"栏应当写明参加检查人员的姓名及执法证件号。检查人员应当是 2 名及以上行政执法人员。

四、"检查对象"栏应当写明当事人的基本情况，其中当事人姓名或名称应当与身份证、营业执照等证明当事人主体资格的材料上保持一致。

五、"检查情况摘要"栏填写检查对象是否存在涉嫌违法行为，所发生的时间、地点，制作现场笔录、拍摄现场照片的简要情况，要求准确、全面反映现场的客观状态。

六、"负责人意见"栏应当写明下一步处理意见，是否建议立案查处，是否超出职权需要移送等。

【法律依据】

《中华人民共和国行政处罚法》（2021 年 1 月 22 日）

第五十四条 除本法第五十一条规定的可以当场作出的行政处罚外，行政机关发现公民、法人或者其他组织有依法应当给予行政处罚的行为的，必须全面、客观、公正地调查，收集有关证据；必要时，依照法律、法规的规定，可以进行检查。

符合立案标准的，行政机关应当及时立案。

第五十五条 执法人员在调查或者进行检查时，应当主动向当事人或者有关人员出示执法证件。当事人或者有关人员有权要求执法人员出示执法证件。执法人员不出示执法证件的，当事人或者有关人员有权拒绝接受调查或者检查。

当事人或者有关人员应当如实回答询问，并协助调查或者检查，不得拒绝或者阻挠。询问或者检查应当制作笔录。

55. 举报记录

举 报 记 录

举报类别	□来信　□来电　□来访　□其他_____				
举报时间					
举报人	个人	姓　名		联系电话	
		性　别		出生年月	
		身份证或其他有效证件号码			
		住址或工作单位			
	法人和其他组织	名　称			
		法定代表人或负责人		职　务	
		统一社会信用代码		联系电话	
		住　所			
举报内容	接报人签名： 　　　　　　　　年　月　日				
受理机构意见	负责人签名： 　　　　　　　　年　月　日				
备注					

注：受理单位应当保守秘密。

【制作指南】

举报记录，是城市管理行政执法部门用以记载举报人、举报的违法行为以及受理意见等相关情况的文书。

一、"举报类别"栏应当根据举报情况勾选相应的举报方式，如来信、来电、来访，若勾选其他的需将举报类别填写完整如传真、电子邮件、音像资料等。

二、"时间"栏填写具体接到举报的时间，具体到分，并采用 24 小时制。

三、"举报人"栏应当填写举报人的基本情况及联系方式，举报人不愿提供的也应当注明。

四、"举报内容"栏应当写明举报事件的时间、地点、主要情节、被举报人基本情况及目前已造成的后果等内容。

五、"受理机构意见"栏应当由受理机构负责人填写受理意见，并签名和注明日期。

【法律依据】

1. 《城市管理执法办法》（2017 年 1 月 24 日）

第三十八条 城市管理执法主管部门应当向社会公布投诉、举报电话及其他监督方式。

城市管理执法主管部门应当为投诉人、举报人保密。

2. 《城市管理执法行为规范》（2018 年 9 月 5 日）

第二十六条 市县人民政府城市管理执法部门应当采取设立举报电话、信箱等方式，畅通群众投诉举报城市管理执法行为的渠道。

56. 立案审批表

立 案 审 批 表

_____（ ）城立字〔   〕第   号

案件来源	☐投诉、举报　　☐检查发现　　☐媒体披露 ☐部门移送　　☐上级交办　　☐其他：_____				
案　　　由	（当事人姓名或名称＋涉嫌＋违法行为性质＋案）				
案　发　地					
当事人	个人	姓　　名		出生年月	
		性　　别		联系电话	
		身份证或其他 有效证件号码			
		住　　址			
		工作单位			
	个体工商户	字　　号			
		经营场所			
		经营者	姓　　名		
			性　　别		
			出生年月		
			联系电话		
			身份证或其他 有效证件号码		
			住　　址		

续　表

当事人	法人和其他组织	名　　称			
		法定代表人或负责人		职　务	
		统一社会信用代码		联系电话	
		住　所			
案件简要情　况					
承办人意　见		签名：　　　　　　年　月　日			
承办机构审核意见		签名：　　　　　　年　月　日			
行政机关负责人审批意见		签名：　　　　　　年　月　日			

【制作指南】

立案审批表，是城市管理行政执法部门依法履行立案审批手续作出的文书。

一、"案由"栏按照"当事人姓名或名称 + 涉嫌 + 违法行为性质 + 案"的格式填写。

二、"案件来源"栏在对应来源方式前的"□"处划"√"。

三、"案发地点"栏写明违法行为发生地，包括行为开始地、经过地、实施地和危害后果发生地。

四、"当事人"栏填写当事人的有关情况，其中当事人姓名或名称应当与身份证、营业执照等证明当事人主体资格的材料上保持一致。

五、"案件简要情况"栏写明发生违法行为的时间、地点、立案的事实根据，简要介绍案情和违法事实，并列明当事人的行为涉嫌违反的法律、法规或规章全称及具体条款。

六、"承办人意见"栏应当写明是否立案查处的意见建议，并由 2 名以上行政执法人员签名和注明日期。其中不予立案查处的，应当说明理由。

七、承办机构负责人、行政机关负责人审批意见应当写明同意、不同意或其他处理意见，其中不同意的应当说明理由，作出审批意见后签名并注明日期。

【法律依据】

《中华人民共和国行政处罚法》（2021 年 1 月 22 日）

第四十五条 当事人有权进行陈述和申辩。行政机关必须充分听取当事人的意见，对当事人提出的事实、理由和证据，应当进行复核；当事人提出的事实、理由或者证据成立的，行政机关应当采纳。

行政机关不得因当事人陈述、申辩而给予更重的处罚。

（二）调查取证阶段

57. 证据照片（图片）登记表

证据照片（图片）登记表

收集时间	年 月 日 时 分		
收集地点			
收集方式	□现场拍摄 □网络下载 □举报人提供 □媒体图片 □其他部门移送 □其他方式＿＿＿＿＿＿		
收集人员 姓名		收集人员 身份	□行政执法人员 □其他人员：
照片、图片粘贴（打印）处：			
证明内容：			
照片、图片粘贴（打印）处：			
证明内容：			

【制作指南】

证据照片（图片）登记表，是城市管理行政执法部门在案件调查过程中对收集的证据照片、图片进行汇总登记的文书。

一、"时间"栏填写照片拍摄时间或图片绘制的时间，具体到分，并采用24小时制，有特殊情况的可以视情况更改为时间段。

二、"地点"栏填写照片拍摄地点或图片反映地点。

三、"收集方式"栏应当根据收集手段勾选相应的收集方式，如现场拍摄、网络下载、举报人提供、媒体图片、其他部门移送，若选择其他方式的按实际收集方式填写完整。

四、"收集人员姓名"栏填写1名证据照片、图片收集工作人员姓名。

五、"收集人员身份"栏根据收集人员身份勾选相应的身份，若勾选其他人员的，勾选后注明其具体身份。

六、"证明内容"栏填写证明当事人的主体情况、存在的涉嫌违法行为的情况等内容。

【法律依据】

1. 《中华人民共和国行政处罚法》（2021年1月22日）

第四十六条 证据包括：

（一）书证；

（二）物证；

（三）视听资料；

（四）电子数据；

（五）证人证言；

（六）当事人的陈述；

（七）鉴定意见；

（八）勘验笔录、现场笔录。

证据必须经查证属实，方可作为认定案件事实的根据。

以非法手段取得的证据，不得作为认定案件事实的根据。

第四十七条 行政机关应当依法以文字、音像等形式，对行政处罚的启动、调查取证、审核、决定、送达、执行等进行全过程记录，归档保存。

第五十四条 除本法第五十一条规定的可以当场作出的行政处罚外，行政机关发现公民、法人或者其他组织有依法应当给予行政处罚的行为的，必须全面、客观、公正地调查，收集有关证据；必要时，依照法律、法规的规定，可以进行检查。

符合立案标准的，行政机关应当及时立案。

第五十六条 行政机关在收集证据时，可以采取抽样取证的方法；在证据可能灭失或者以后难以取得的情况下，经行政机关负责人批准，可以先行登记保存，并应当在七日内及时作出处理决定，在此期间，当事人或者有关人员不得销毁或者转移证据。

2.《城市管理执法办法》（2017 年 1 月 24 日）

第二十八条 城市管理执法主管部门应当依法、全面、客观收集相关证据，规范建立城市管理执法档案并完整保存。

城市管理执法主管部门应当运用执法记录仪、视频监控等技术，实现执法活动全过程记录。

58. 封条

封　条

×××城市管理行政执法局　封

年 月 日

（印章）

【制作指南】

封条，是城市管理行政执法部门在执法巡查、检查时，依法先行登记保存证据、查封、扣押涉案物品或者场所以及抽样取证时，用作加封标记的文书。

一、《封条》中"××城市管理行政执法局"和"封"字之间要有一字距间隔。

二、写明封条的使用日期，并加盖实施单位印章。

【法律依据】

1.《中华人民共和国行政处罚法》（2021 年 1 月 22 日）

第七十二条 当事人逾期不履行行政处罚决定的，作出行政处罚决定的行政机关可以采取下列措施：

（一）到期不缴纳罚款的，每日按罚款数额的百分之三加处罚款，加处罚款的数额不得超出罚款的数额；

（二）根据法律规定，将查封、扣押的财物拍卖、依法处理或者将冻结的存款、汇款划拨抵缴罚款；

（三）根据法律规定，采取其他行政强制执行方式；

（四）依照《中华人民共和国行政强制法》的规定申请人民法院强制执行。

行政机关批准延期、分期缴纳罚款的，申请人民法院强制执行的期限，自暂缓或者分期缴纳罚款期限结束之日起计算。

第五十五条 执法人员在调查或者进行检查时，应当主动向当事人或者有关人员出示执法证件。当事人或者有关人员有权要求执法人员出示执法证件。执法人员不出示执法证件的，当事人或者有关人员有权拒绝接受调查或者检查。

当事人或者有关人员应当如实回答询问，并协助调查或者检查，不得拒绝或者阻挠。询问或者检查应当制作笔录。

2.《中华人民共和国行政强制法》（2011 年 6 月 30 日）

第二十二条 查封、扣押应当由法律、法规规定的行政机关实施，其他任何行政机关或者组织不得实施。

第二十三条 查封、扣押限于涉案的场所、设施或者财物，不得查封、扣押与违法行为无关的场所、设施或者财物；不得查封、扣押公民个人及其所扶养家属的生活必需品。

当事人的场所、设施或者财物已被其他国家机关依法查封的，不得重复查封。

第二十四条 行政机关决定实施查封、扣押的，应当履行本法第十八条规定的程序，制作并当场交付查封、扣押决定书和清单。

查封、扣押决定书应当载明下列事项：

（一）当事人的姓名或者名称、地址；

（二）查封、扣押的理由、依据和期限；

（三）查封、扣押场所、设施或者财物的名称、数量等；

（四）申请行政复议或者提起行政诉讼的途径和期限；

（五）行政机关的名称、印章和日期。

查封、扣押清单一式二份，由当事人和行政机关分别保存。

第二十六条 对查封、扣押的场所、设施或者财物，行政机关应当妥善保管，不得使用或者损毁；造成损失的，应当承担赔偿责任。

对查封的场所、设施或者财物，行政机关可以委托第三人保管，第三人不得损毁或者擅自转移、处置。因第三人的原因造成的损失，行政机关先行赔付后，有权向第三人追偿。

因查封、扣押发生的保管费用由行政机关承担。

3.《城市管理执法办法》（2017 年 1 月 24 日）

第二十九条 城市管理执法主管部门对查封、扣押的物品，应当妥善保管，不得使用、截留、损毁或者擅自处置。查封、扣押的物品属非法物品的，移送有关部门处理。

4.《城市管理执法行为规范》（2018 年 9 月 5 日）

第十二条 城市管理执法人员应当依法实施证据先行登记保存或查封场所设施、扣押财物。

对先行登记保存或扣押的财物，城市管理执法人员应当妥善保管，不得使用、截留、损毁或者擅自处置。

59. 征询意见函

征 询 意 见 函

_____（ ）城征函字〔   〕第   号

___(主送机关的名称)___：

    本机关于___年___月___日对_____(当事人的姓名或名称)_____的涉嫌_____的行为予以立案调查。

    根据办案需要，现特向你单位征询以下事项：

    (写明具体需要征询的事项)_____

_____。

    请你（单位）于___年___月___日函复。

    附：(附有关案件材料)_____

_____。

行政执法机关全称（印章）

年　　月　　日

联 系 人：_____   联系地址：_____

联系电话：_____   邮政编码：_____

【制作指南】

征询意见函，是城市管理行政执法部门向有关部门发函征询相关事项时制作的文书。

一、写明主送机关的全称或者规范化简称。

二、准确填写当事人的姓名或名称，并与身份证、营业执照等证明当事人主体资格的材料上保持一致。

三、写明需要征询认定的事项，一函一事。

四、附案件相关材料，如现场勘验（检查）笔录、现场勘验图、现场照片等。

五、有城市管理行政执法部门名称并加盖印章，同时注明作出文书的日期。

【法律依据】

《中华人民共和国行政处罚法》（2021 年 1 月 22 日）

第二十六条 行政机关因实施行政处罚的需要，可以向有关机关提出协助请求。协助事项属于被请求机关职权范围内的，应当依法予以协助。

60. 案件移送函

案 件 移 送 函

_____ （ ） 城移函字〔   〕第   号

___(受移送机关的名称)___：

　　本机关于____年____月____日对_____(案由)_____一案立案调查，在调查中发现_____(当事人的违法行为时间、地点、情节、内容等)_____，因_____(理由)_____，不属于本机关管辖，根据_____的规定，现将该案移送你单位处理，附相关案件材料。

　　附：移送案件材料清单

行政执法机关全称（印章）

年　　　月　　　日

联 系 人：_____　　　联系地址：_____

联系电话：_____　　　邮政编码：_____

移送案件材料清单

序号	材料名称	数量	来源	备注

【制作指南】

案件移送函，是城市管理行政执法部门依法将案件移送给有管辖权的机关时制作的文书。

一、写明受移送机关的全称或者规范化简称。

二、案由按照"当事人姓名或名称＋涉嫌＋违法行为性质＋案"的格式填写。

三、准确列明有关法律、法规或规章的全称及具体条款。

四、在移送案件材料清单中填写移送材料的名称、数量、来源，若有其他信息需要提示的在备注格中注明。

五、有城市管理行政执法部门名称并加盖印章，同时注明作出文书的日期。

六、本文书一式两份，一份送交受移送单位，一份附卷归档，并应当结合《送达回证》使用。

【法律依据】

1. 《中华人民共和国行政处罚法》（2021 年 1 月 22 日）

第二十七条 违法行为涉嫌犯罪的，行政机关应当及时将案件移送司法机关，依法追究刑事责任。对依法不需要追究刑事责任或者免予刑事处罚，但应当给予行政处罚的，司法机关应当及时将案件移送有关行政机关。

行政处罚实施机关与司法机关之间应当加强协调配合，建立健全案件移送制度，加强证据材料移交、接收衔接，完善案件处理信息通报机制。

2. 《中华人民共和国行政强制法》（2011 年 6 月 30 日）

第二十一条 违法行为涉嫌犯罪应当移送司法机关的，行政机关应当将查封、扣押、冻结的财物一并移送，并书面告知当事人。

3. 《城市管理执法办法》（2017 年 1 月 24 日）

第三十七条 城市管理执法主管部门在执法活动中发现依法应当由其他部门查处的违法行为，应当及时告知或者移送有关部门。

61. 案件合议记录

案件合议记录

案　　由：＿＿＿＿＿＿＿＿＿＿＿＿＿＿＿＿＿＿＿＿＿＿

合议时间：＿＿年＿＿月＿＿日＿＿时＿＿分至＿＿时＿＿分

合议地点：＿＿＿＿＿＿＿＿＿＿＿＿＿＿＿＿＿＿＿＿＿＿

主 持 人：＿＿＿＿＿＿＿＿＿＿＿＿记 录 人：＿＿＿＿＿＿＿＿＿＿

合议人员：＿＿＿＿＿＿＿＿＿＿＿＿＿＿＿＿＿＿＿＿＿＿

案情介绍：＿＿＿＿＿＿＿＿＿＿＿＿＿＿＿＿＿＿＿＿＿＿

＿＿＿＿＿＿＿＿＿＿＿＿＿＿＿＿＿＿＿＿＿＿＿＿＿＿＿＿

证据材料：＿＿＿＿＿＿＿＿＿＿＿＿＿＿＿＿＿＿＿＿＿＿

处罚依据：＿＿＿＿＿＿＿＿＿＿＿＿＿＿＿＿＿＿＿＿＿＿

＿＿＿＿＿＿＿＿＿＿＿＿＿＿＿＿＿＿＿＿＿＿＿＿＿＿＿＿

处罚建议：＿＿＿＿＿＿＿＿＿＿＿＿＿＿＿＿＿＿＿＿＿＿

＿＿＿＿＿＿＿＿＿＿＿＿＿＿＿＿＿＿＿＿＿＿＿＿＿＿＿＿

讨论记录：＿＿＿＿＿＿＿＿＿＿＿＿＿＿＿＿＿＿＿＿＿＿

＿＿＿＿＿＿＿＿＿＿＿＿＿＿＿＿＿＿＿＿＿＿＿＿＿＿＿＿

合议意见：＿＿＿＿＿＿＿＿＿＿＿＿＿＿＿＿＿＿＿＿＿＿

＿＿＿＿＿＿＿＿＿＿＿＿＿＿＿＿＿＿＿＿＿＿＿＿＿＿＿＿

合议主持人签名：＿＿＿＿＿＿＿＿＿＿＿＿＿＿　＿＿＿＿年＿＿月＿＿日

合议人员签名：＿＿＿＿＿＿＿＿＿＿＿＿＿＿＿　＿＿＿＿年＿＿月＿＿日

记录人签名：＿＿＿＿＿＿＿＿＿＿＿＿＿＿＿＿　＿＿＿＿年＿＿月＿＿日

备注：

第　页共　页

【制作指南】

案件合议记录，是城市管理行政执法部门记载重大、复杂、疑难案件合议内容的文书。

一、"案由"栏按照"当事人姓名或名称 + 涉嫌 + 违法行为性质 + 案"的格式填写。

二、"时间"栏填写案件合议的起止时间，具体到分，并采用 24 小时制。

三、"地点"栏填写案件合议的具体地点，注明具体门牌号或具体位置。

四、"主持人和记录人"栏应当填写主持人和记录人姓名，不可用职务代替姓名。

五、"合议人员"栏的人员组成至少 3 人以上，并逐一填写参加合议人员姓名。

六、"案情介绍"栏根写明已查清的违法事实，主要写清当事人实施违法行为的具体过程，包括违法行为实施的时间、地点、原因、目的、经过、情节、违法行为造成的危害后果、影响等情况。

七、"证据材料"栏应当列明已经查实的对案件处理有关联的所有证据。列举证据时，应当具体列举证据的名称以及证据所要证明的内容。

八、"处罚依据"栏应当准确列明所依据的法律、法规或规章的全称及具体条款。

九、"处罚意见"栏应当根据查明的违法事实、性质、法律规定，写明拟作出处罚的内容。

十、"讨论记录"栏应当如实记录合议人员的不同意见，对案件事实、案件定性处理意见和理由应当详细记录。

十一、"合议意见"栏应当写明对违法行为的定性结论，违反的法律、法规和规章全称及具体条款和具体处罚建议。

十二、合议结束后，记录人应当将合议记录交主持人和参加合议人员核对无误后分别签字确认并注明日期。

【法律依据】

《中华人民共和国行政处罚法》（2021 年 1 月 22 日）

第五十七条 调查终结，行政机关负责人应当对调查结果进行审查，根据不同情况，分别作出如下决定：

（一）确有应受行政处罚的违法行为的，根据情节轻重及具体情况，作出行政处罚决定；

（二）违法行为轻微，依法可以不予行政处罚的，不予行政处罚；

（三）违法事实不能成立的，不予行政处罚；

（四）违法行为涉嫌犯罪的，移送司法机关。

对情节复杂或者重大违法行为给予行政处罚，行政机关负责人应当集体讨论决定。

62. 撤销立案审批表

撤销立案审批表

_____ （ ）城撤立字〔   〕第   号

立案案号					
案　　由					
案件来源				立案时间	
当事人	个人	姓　　名		出生年月	
		性　　别		联系电话	
		身份证或其他有效证件号码			
		住　　址			
		工作单位			
	个体工商户	字　　号			
		经营场所			
		经营者	姓　　名		
			性　　别		
			出生年月		
			联系电话		
			身份证或其他有效证件号码		
			住　　址		

当事人	法人和其他组织	名　　称			
		法定代表人或负责人		职　　务	
		统一社会信用代码		联系电话	
		住　　所			
案件调查摘要					
撤案理由					
承办人意见		签名：　　　　　　年 月 日			
承办机构审核意见		签名：　　　　　　年 月 日			
行政机关负责人审批意见		签名：　　　　　　年 月 日			

【制作指南】

撤销立案审批表，是城市管理行政执法部门依法对已立案的案件进行撤案审批作出的文书。

一、"案由"栏按照"当事人姓名或名称＋涉嫌＋违法行为性质＋案"的格式填写。

二、"案件来源"栏在对应来源方式前的"□"处划"√"。

三、"当事人"栏填写当事人的有关情况，其中当事人姓名或名称应当与身份证、营业执照等证明当事人主体资格的材料上保持一致。

四、"案件调查摘要"栏写明案件调查核实的有关情况。

五、"撤案理由"栏写明撤销案件的原因，即根据案件的具体情况，说明其行为不应当追究行政处罚责任，并写明撤销案件条件的法律依据。

六、"承办人意见"栏应当有明确的意见，并由2名以上行政执法人员签名和注明日期。

七、承办机构负责人、行政机关负责人审批意见应当写明同意、不同意或其他处理意见，其中不同意的应当说明理由，作出审批意见后签名并注明日期。

【法律依据】

《中华人民共和国行政处罚法》（2021年1月22日）

第五十四条 除本法第五十一条规定的可以当场作出的行政处罚外，行政机关发现公民、法人或者其他组织有依法应当给予行政处罚的行为的，必须全面、客观、公正地调查，收集有关证据；必要时，依照法律、法规的规定，可以进行检查。

符合立案标准的，行政机关应当及时立案。

（三）处罚告知阶段

63. 案件调查终结行政处罚告知审批表

案件调查终结行政处罚告知审批表

立案案号				案　由		
案件来源				立案时间		
案发地点				调查人		
当事人	个人	姓　名		出生年月		
		性　别		联系电话		
		身份证或其他有效证件号码				
		住　址				
		工作单位				
	个体工商户	字　号				
		经营场所				
		经营者	姓　名			
			性　别			
			出生年月			
			联系电话			
			身份证或其他有效证件号码			
			住　址			

续　表

当事人	法人和其他组织	名　　称				
		法定代表人或负责人		职　　务		
		统一社会信用代码		联系电话		
		住　　所				
违法事实及证据						
当事人意见						
处罚依据						
承办人处理意见及理由				签名：　　　　　　　　　年　月　日		
承办机构意见				签名：　　　　　　　　　年　月　日		
行政机关负责人意见				签名：　　　　　　　　　年　月　日		

【制作指南】

案件调查终结行政处罚告知审批表，是城市管理行政执法部门在调查取证阶段结束后，告知当事人拟作出行政处罚决定的内容、事实、依据、理由前，依法作出审批的文书。

一、"案由"栏按照"当事人姓名或名称＋涉嫌＋违法行为性质＋案"的格式填写。

二、"案件来源"栏在对应来源方式前的"□"处划"√"。

三、"调查人"栏填写调查人的姓名，调查人应当是2名以上行政执法人员。

四、"当事人"栏填写当事人的有关情况，其中当事人姓名或名称应当与身份证、营业执照等证明当事人主体资格的材料上保持一致。

五、"违法事实及证据"栏主要写明当事人实施违法行为的时间、地点、原因、目的、经过、情节、违法行为造成的危害后果、影响等情况，并列明已经查实对案件处理有关联的所有证据名称。

六、"当事人意见"栏写明当事人对查证核实的违法行为认定与否，提请考虑的因素以及对违法行为认识态度等。

七、"处罚依据"栏准确列明依据法律、法规或规章的全称及具体条款。

八、"承办人意见及理由"栏应当写明拟处罚的意见建议，并由2名以上行政执法人员签名和注明日期。

九、承办机构负责人、行政机关负责人审批意见应当写明同意、不同意或其他处理意见，其中不同意的应当说明理由，作出审批意见后签名并注明日期。

【法律依据】

《中华人民共和国行政处罚法》（2021年1月22日）

第五十七条　调查终结，行政机关负责人应当对调查结果进行审查，根据不同情况，分别作出如下决定：

（一）确有应受行政处罚的违法行为的，根据情节轻重及具体情况，作出行政处罚决定；

（二）违法行为轻微，依法可以不予行政处罚的，不予行政处罚；

（三）违法事实不能成立的，不予行政处罚；

（四）违法行为涉嫌犯罪的，移送司法机关。

对情节复杂或者重大违法行为给予行政处罚，行政机关负责人应当集体讨论决定。

64. 陈述申辩、听证复核意见书

陈述申辩、听证复核意见书

立案案号				
案　　由				
承办人				
类　　别	☐陈述申辩　☐听证			
当事人	个人	姓　　名		出生年月	
		性　　别		联系电话	
		身份证或其他有效证件号码			
		住　　址			
		工作单位			
	个体工商户	字　　号			
		经营场所			
		经营者	姓　　名		
			性　　别		
			出生年月		
			联系电话		
			身份证或其他有效证件号码		
			住　　址		

当事人	法人和其他组织	名　　称			
		法定代表人或负责人		职　　务	
		统一社会信用代码		联系电话	
		住　　所			
原处理意见					
当事人提出的事实、理由和证据					
是否需要变更撤销处罚内容	□需要撤销 □需要变更 □不需要	变更撤销属性	□执法主体错误 □事实不清 □证据不足 □适用法律错误 □程序违法 □具有减轻情形 □具有从轻情节 □具有从重情节		
拟处理意见					
复核人意见		签　名：　　　　　　　　　年　月　日			
承办机构意见		签　名：　　　　　　　　　年　月　日			

续　表

行政机关负责人意见	
	签　名：　　　　　　　　　　　年　月　日

【制作指南】

陈述申辩、听证复核意见书，是城市管理行政执法部门对当事人提出的陈述申辩、听证理由进行审核并提出意见的文书。

一、"案由"栏按照"当事人姓名或名称＋涉嫌＋违法行为性质＋案"的格式填写。

二、"承办人"栏填写承办人的姓名。承办人应当是 2 名以上行政执法人员。

三、"类别"栏、"是否需要变更撤销处罚内容"栏在适用的类别前的"□"处划"√"。

四、"当事人"栏填写当事人的有关情况，其中当事人姓名或名称应当与身份证、营业执照等证明当事人主体资格的材料上保持一致。

五、"原处理意见"栏填写陈述申辩或听证前拟作出的处理意见，应当与行政处罚事先告知书等文书中的处理意见一致。

六、"拟处理意见"栏写明复核后的处理意见。

七、"复核人意见"栏由复核人对当事人提出的事实、理由和证据是否采纳予以明确，并签名和注明日期。

八、承办机构负责人、行政机关负责人审批意见应当写明同意、不同意或其他处理意见，其中不同意的应当说明理由，作出审批意见后签名并注明日期。

【法律依据】

1.《中华人民共和国行政处罚法》（2021 年 1 月 22 日）

第四十五条 当事人有权进行陈述和申辩。行政机关必须充分听取当事人的意见，对当事人提出的事实、理由和证据，应当进行复核；当事人提出的事实、理由或者证据成立的，行政机关应当采纳。

行政机关不得因当事人陈述、申辩而给予更重的处罚。

第六十三条 行政机关拟作出下列行政处罚决定，应当告知当事人有要求听证的权利，当事人要求听证的，行政机关应当组织听证：

（一）较大数额罚款；

（二）没收较大数额违法所得、没收较大价值非法财物；

（三）降低资质等级、吊销许可证件；

（四）责令停产停业、责令关闭、限制从业；

（五）其他较重的行政处罚；

（六）法律、法规、规章规定的其他情形。

当事人不承担行政机关组织听证的费用。

2.《中华人民共和国行政强制法》（2011 年 6 月 30 日）

第三十六条　当事人收到催告书后有权进行陈述和申辩。行政机关应当充分听取当事人的意见，对当事人提出的事实、理由和证据，应当进行记录、复核。当事人提出的事实、理由或者证据成立的，行政机关应当采纳。

65. 听证报告

听 证 报 告

案　　由：＿＿＿＿＿＿＿＿＿＿＿＿＿＿＿＿＿＿＿＿＿＿＿＿＿＿＿＿＿＿

听证时间：＿＿＿年＿＿＿月＿＿＿日＿＿＿时＿＿＿分至＿＿＿时＿＿＿分

听证地点：＿＿＿＿＿＿＿＿＿＿＿＿＿＿＿＿＿＿听证方式：＿＿＿＿＿＿

听证主持人：＿＿＿＿＿＿听证员：＿＿＿＿＿＿记录人：＿＿＿＿＿＿

听证申请人：＿＿＿＿＿＿法定代表人（负责人）：＿＿＿＿＿＿

委托代理人：＿＿＿＿＿＿其他参加人：＿＿＿＿＿＿＿＿＿＿

案件调查人：＿＿＿＿＿＿工作单位：＿＿＿＿＿＿＿＿＿＿

案件调查人：＿＿＿＿＿＿工作单位：＿＿＿＿＿＿＿＿＿＿

案件基本情况：＿＿＿＿＿＿＿＿＿＿＿＿＿＿＿＿＿＿＿＿＿＿＿＿

＿＿＿＿＿＿＿＿＿＿＿＿＿＿＿＿＿＿＿＿＿＿＿＿＿＿＿＿＿＿＿＿

听证基本情况：＿＿＿＿＿＿＿＿＿＿＿＿＿＿＿＿＿＿＿＿＿＿＿＿

＿＿＿＿＿＿＿＿＿＿＿＿＿＿＿＿＿＿＿＿＿＿＿＿＿＿＿＿＿＿＿＿

案件调查人意见：＿＿＿＿＿＿＿＿＿＿＿＿＿＿＿＿＿＿＿＿＿＿＿

＿＿＿＿＿＿＿＿＿＿＿＿＿＿＿＿＿＿＿＿＿＿＿＿＿＿＿＿＿＿＿＿

当事人理由：＿＿＿＿＿＿＿＿＿＿＿＿＿＿＿＿＿＿＿＿＿＿＿＿＿

＿＿＿＿＿＿＿＿＿＿＿＿＿＿＿＿＿＿＿＿＿＿＿＿＿＿＿＿＿＿＿＿

听证意见：＿＿＿＿＿＿＿＿＿＿＿＿＿＿＿＿＿＿＿＿＿＿＿＿＿＿

＿＿＿＿＿＿＿＿＿＿＿＿＿＿＿＿＿＿＿＿＿＿＿＿＿＿＿＿＿＿＿＿

听证主持人签名：＿＿＿＿＿＿＿＿＿＿＿＿　　＿＿＿年＿＿月＿＿日

听证员签名：＿＿＿＿＿＿＿＿＿＿＿＿＿＿＿　　＿＿＿年＿＿月＿＿日

记录人签名：＿＿＿＿＿＿＿＿＿＿＿＿＿＿＿　　＿＿＿年＿＿月＿＿日

备注：

第　　页共　　页

【制作指南】

听证报告，是听证会结束后，作出行政处罚决定前，听证主持人向城市管理行政执法部门负责人报告听证会情况并提出案件处理意见的文书。

一、"案由"栏按照"当事人姓名或名称 + 涉嫌 + 违法行为性质 + 案"的格式填写。

二、"时间"栏填写听证的起止时间，具体到分，并采用 24 小时制。

三、"地点"栏填写听证的具体地点，注明具体门牌号或具体位置。

四、"主持人和记录人"栏应当填写主持人和记录人姓名。

五、"案件基本情况"栏介绍案件发生的时间、地点和案件涉及标的物的数量、金额，当事人行为造成的后果、危害和影响等情况。

六、"听证基本情况"栏载明听证主持人对听证会中有关事项的处理情况以及中止、终止听证的说明。

七、"案件调查人意见"栏根据听证笔录，简要写明案件承办人对该案件的意见。

八、"当事人理由"栏根据听证笔录，简要写明当事人陈述及理由。

九、"听证意见"栏根据听证笔录，简要写明对案件的处理意见，包括案件事实是否清楚、证据是否充分，适用法律是否准确，是否具有从轻或减轻情节并提出处理意见。

十、在报告每页的右下角填写每页笔录的对应页码及报告总页数。

【法律依据】

1.《中华人民共和国行政处罚法》（2021 年 1 月 22 日）

第六十三条　行政机关拟作出下列行政处罚决定，应当告知当事人有要求听证的权利，当事人要求听证的，行政机关应当组织听证：

（一）较大数额罚款；

（二）没收较大数额违法所得、没收较大价值非法财物；

（三）降低资质等级、吊销许可证件；

（四）责令停产停业、责令关闭、限制从业；

（五）其他较重的行政处罚；

（六）法律、法规、规章规定的其他情形。

当事人不承担行政机关组织听证的费用。

第六十四条 听证应当依照以下程序组织：

（一）当事人要求听证的，应当在行政机关告知后五日内提出；

（二）行政机关应当在举行听证的七日前，通知当事人及有关人员听证的时间、地点；

（三）除涉及国家秘密、商业秘密或者个人隐私依法予以保密外，听证公开举行；

（四）听证由行政机关指定的非本案调查人员主持；当事人认为主持人与本案有直接利害关系的，有权申请回避；

（五）当事人可以亲自参加听证，也可以委托一至二人代理；

（六）当事人及其代理人无正当理由拒不出席听证或者未经许可中途退出听证的，视为放弃听证权利，行政机关终止听证；

（七）举行听证时，调查人员提出当事人违法的事实、证据和行政处罚建议，当事人进行申辩和质证；

（八）听证应当制作笔录。笔录应当交当事人或者其代理人核对无误后签字或者盖章。当事人或者其代理人拒绝签字或者盖章的，由听证主持人在笔录中注明。

第六十五条 听证结束后，行政机关应当根据听证笔录，依照本法第五十七条的规定，作出决定。

2.《城市管理执法办法》（2017 年 1 月 24 日）

第二十五条 城市管理执法主管部门依照法定程序开展执法活动，应当保障当事人依法享有的陈述、申辩、听证等权利。

66. 重大案件集体讨论记录

重大案件集体讨论记录

讨论时间： ____年____月____日____时____分至____时____分

讨论地点： _____

案　　由： _____

主 持 人： _____

出席人员： _____

列席人员： _____

汇 报 人： _____ 记录人： _____

汇报案件情况：

案情介绍： _____

_____

证据材料： _____

处罚依据： _____

处罚建议： _____

集体讨论人员的意见和理由： _____

_____

集体讨论结论性意见： _____

_____

主持人签名： _____ _____年____月____日

集体讨论人员签名： _____ _____年____月____日

记录人签名： _____ _____年____月____日

备注：

第　页共　页

【制作指南】

重大案件集体讨论记录，是城市管理行政执法部门记载重大、复杂行政处罚案件集体讨论内容的文书。

一、"时间"栏填写重大案件集体讨论的起止时间，具体到分，并采用24小时制。

二、"地点"栏填写重大案件集体讨论的具体地点，注明门牌号或具体位置。

三、"出席人员"栏应当写明对案件进行讨论的有关行政机关领导成员。

四、"列席人员"栏应当写明列席人员的姓名。

五、"主持人、汇报人和记录人"栏写明姓名，不可用职务代替。

六、"汇报案件情况"栏写明案件的基本情况，包括：当事人实施违法行为的具体过程，案件涉及的法律、法规、规章等，承办单位自由裁量的运用情况以及处理建议，当事人的陈述申辩或听证情况等。

七、"集体讨论人员的意见和理由"栏应当按参加讨论人员的发言次序记载意见和理由。

八、"集体讨论结论性意见"栏应当根据讨论发言情况，记录集体讨论研究后提出的案件处理意见。

【法律依据】

《中华人民共和国行政处罚法》（2021年1月22日）

第五十七条 调查终结，行政机关负责人应当对调查结果进行审查，根据不同情况，分别作出如下决定：

（一）确有应受行政处罚的违法行为的，根据情节轻重及具体情况，作出行政处罚决定；

（二）违法行为轻微，依法可以不予行政处罚的，不予行政处罚；

（三）违法事实不能成立的，不予行政处罚；

（四）违法行为涉嫌犯罪的，移送司法机关。

对情节复杂或者重大违法行为给予行政处罚，行政机关负责人应当集体讨论决定。

（四）处罚决定阶段

67. 行政处罚决定审批表

行政处罚决定审批表

立案案号				立案时间	
案　　由					
案发地点					
当事人	个人	姓　　名		出生年月	
		性　　别		联系电话	
		身份证或其他有效证件号码			
		住　　址			
		工作单位			
	个体工商户	字　　号			
		经营场所			
		经营者	姓　　名		
			性　　别		
			出生年月		
			联系电话		
			身份证或其他有效证件号码		
			住　　址		

续　表

当事人	法人和其他组织	名　　称			
		法定代表人或负责人		职　　务	
		统一社会信用代码		联系电话	
		住　　所			
具体违法事　　实					
相关证据					
履行告知及当事人陈述申辩或者听证情　　况					
处罚依据					
承办人意　见					
		签　名：　　　　　　　　　　年　月　日			
承办机构意　见					
		签　名：　　　　　　　　　　年　月　日			

续　表

法制部门 意　见	 　签　名：　　　　　　　　　年　月　日
行政机关 负责人 意　见	 　签　名：　　　　　　　　　年　月　日

【制作指南】

行政处罚决定审批表，是城市管理行政执法部门依法对行政处罚建议作出审批的文书。

一、"案由"栏按照"当事人姓名或名称＋违法行为性质＋案"的格式填写。

二、"案发地点"栏写明违法行为发生地，包括行为开始地、经过地、实施地和危害后果发生地。

三、"当事人"栏填写当事人的有关情况，其中当事人姓名或名称应当与身份证、营业执照等证明当事人主体资格的材料上保持一致。

四、"具体违法事实"栏主要写明当事人实施违法行为的时间、地点、原因、目的、经过、情节、违法行为造成的危害后果、影响等情况。

五、"相关证据"栏列明所有已经查实的，对案件处理有关联的证据的名称。

六、"履行告知及当事人陈述申辩或者听证情况"栏写明城市管理行政执法部门履行行政处罚告知的相关情况，当事人有无陈述、申辩或申请听证的情况，对当事人的陈述、申辩意见采信与否的理由。

七、"处罚依据"栏准确列明依据法律、法规或规章的全称及具体条款。

八、"承办人意见"栏应当写明对决定处罚的意见建议，并由 2 名以上行政执法人员签名和注明日期。

九、承办机构负责人、法制部门、行政机关负责人审批意见应当写明同意、不同意或其他处理意见，其中不同意的应当说明理由，作出审批意见后签名并注明日期。

【法律依据】

《中华人民共和国行政处罚法》（2021 年 1 月 22 日）

第五十七条　调查终结，行政机关负责人应当对调查结果进行审查，根据不同情况，分别作出如下决定：

（一）确有应受行政处罚的违法行为的，根据情节轻重及具体情况，作出行政处罚决定；

（二）违法行为轻微，依法可以不予行政处罚的，不予行政处罚；

（三）违法事实不能成立的，不予行政处罚；

（四）违法行为涉嫌犯罪的，移送司法机关。

对情节复杂或者重大违法行为给予行政处罚，行政机关负责人应当集体讨论决定。

第五十九条 行政机关依照本法第五十七条的规定给予行政处罚，应当制作行政处罚决定书。行政处罚决定书应当载明下列事项：

（一）当事人的姓名或者名称、地址；

（二）违反法律、法规、规章的事实和证据；

（三）行政处罚的种类和依据；

（四）行政处罚的履行方式和期限；

（五）申请行政复议、提起行政诉讼的途径和期限；

（六）作出行政处罚决定的行政机关名称和作出决定的日期。

行政处罚决定书必须盖有作出行政处罚决定的行政机关的印章。

（五）执行阶段

68. 强制执行申请书

强制执行申请书

_____（ ）城强执申字〔   〕第   号

申请人：(名称)_____ 地址：_____

法定代表人：_____ 职务：_____ 电话：_____

委托代理人：_____ 单位：_____ 职务：_____

被申请人：(姓名或名称)____ 性别：_____ 民族：_____ 职业：____

法定代表人或负责人：_____ 职务：_____

身份证或其他有效证件号码：_____

住址或地址：_____ 电话：_____

申请人对_____（案由）_____一案，于___年___月___日送达的_____（行政决定书的名称及文号）_____，已经发生法律效力。

□由于被申请人在法定期限内既不申请行政复议，也不提起行政诉讼，又不履行行政处罚决定书确定的法定义务，本机关依照《中华人民共和国行政诉讼法》第九十七条、《中华人民共和国行政处罚法》第七十二条以及《中华人民共和国行政强制法》第五十三条、第五十四条的规定，特申请你院给予强制执行下列项目：

_____。

_____。

□被申请执行人于___年___月___日提出（复议申请或者诉讼），（复议机关或者人民法院名称）于___年___月___日作出（维持具体行政行为的行政复议决定或者驳回被申请人诉讼请求的行政判决）。本机关依照《中华

人民共和国行政处罚法》第七十二条以及《中华人民共和国行政强制法》第
五十三条、第五十四条的规定，特申请你院给予强制执行下列项目：

_____

_____ 。

　　附：1. 行政决定书及作出决定的事实、理由和依据；

　　　　2. 当事人的意见及行政机关催告情况；

　　　　3. 申请强制执行标的情况；

　　　　4. 法定代表人身份证明、授权委托书；

　　　　5. 行政处罚决定书的送达回证；

　　　　6. (其他依法需要提交的材料)。

　　此致

_____人民法院

行政机关负责人签名：　　　　　　行政执法机关名称（印章）

　　　　　　　　　　　　　　　　　　年　　　月　　　日

【制作指南】

强制执行申请书，是城市管理行政执法部门依法向人民法院申请强制执行时作出的文书。

一、"案由"按照"当事人姓名或名称 + 违法行为性质 + 案"的格式填写。

二、"申请执行项目"栏应当写明申请强制执行的请求内容。

三、申请人应当提供行政处罚案件的相关材料。

四、有城市管理行政执法部门名称并加盖印章，同时注明作出文书的日期，并由城市管理行政执法部门负责人签名。

五、本文书一式两份，一份送交有管辖权的人民法院，一份附卷归档。

【法律依据】

1. 《中华人民共和国行政诉讼法》（2017 年 6 月 27 日）

第九十七条 公民、法人或者其他组织对行政行为在法定期限内不提起诉讼又不履行的，行政机关可以申请人民法院强制执行，或者依法强制执行。

2. 《中华人民共和国行政处罚法》（2021 年 1 月 22 日）

第七十二条 当事人逾期不履行行政处罚决定的，作出行政处罚决定的行政机关可以采取下列措施：

（一）到期不缴纳罚款的，每日按罚款数额的百分之三加处罚款，加处罚款的数额不得超出罚款的数额；

（二）根据法律规定，将查封、扣押的财物拍卖、依法处理或者将冻结的存款、汇款划拨抵缴罚款；

（三）根据法律规定，采取其他行政强制执行方式；

（四）依照《中华人民共和国行政强制法》的规定申请人民法院强制执行。

行政机关批准延期、分期缴纳罚款的，申请人民法院强制执行的期限，自暂缓或者分期缴纳罚款期限结束之日起计算。

3. 《中华人民共和国行政强制法》（2011 年 6 月 30 日）

第五十三条 当事人在法定期限内不申请行政复议或者提起行政诉讼，又不履行行政决定的，没有行政强制执行权的行政机关可以自期限届满之日起三个月内，依照本章规定申请人民法院强制执行。

第五十四条 行政机关申请人民法院强制执行前，应当催告当事人履行义务。催告书送达十日后当事人仍未履行义务的，行政机关可以向所在地有管辖权的人民法院申请强制执行；执行对象是不动产的，向不动产所在地有管辖权的人民法院申请强制执行。

（六）结案阶段

69. 案件结案报告

案件结案报告

当事人	个人	姓　名		出生年月	
		性　别		联系电话	
		身份证或其他有效证件号码			
		住　址			
		工作单位			
	个体工商户	字　号			
		经营场所			
		经营者	姓　名		
			性　别		
			出生年月		
			联系电话		
			身份证或其他有效证件号码		
			住　址		

续 表

当 事 人	法人和其他组织	名 称			
		法定代表人或负责人		职 务	
		统一社会信用代码		联系电话	
		住 所			
案 由				案发时间	
案件来源	□投诉举报 □检查发现 □媒体披露 □部门移送 □其他				
行政处理文书文号		送达时间		结案日期	
案件简要情况					
执 行 方 式	□自动履行　□复议结案　□诉讼结案　□强制执行 □_____				
执 行 结 果					
承 办 人 结案意见	签名： 　　　　　　　　　年　月　日				

续　表

承办机构 审核意见	签名： 　　　　　　　　　　　　年　月　日
行政机关 负责人审 批　意　见	签名： 　　　　　　　　　　　　年　月　日
备　　注	

【制作指南】

案件结案报告，是城市管理行政执法部门对已经处理完毕的案件情况进行汇总并按程序结案填写的文书。

一、"当事人"栏填写代履行当事人的有关情况，其中当事人姓名或名称应当与身份证、营业执照等证明当事人主体资格的材料上保持一致。

二、"案由"栏按照"当事人姓名或名称+违法行为性质+案"的格式填写。

三、"结案日期"栏应当填写领导批准同意结案的时间。

四、"案件简要情况"栏主要写反映违法行为发生的时间、地点、情节、后果、违反的法律规定、调查取证经过和主要证据、作出行政处罚的依据条款和作出的行政处罚决定的种类、幅度等以及强制执行的依据、结果等内容。

五、"执行方式"栏在预定格式项下划"√"，若为其他执行方式，应当在空白处填写具体执行方式。

六、"执行结果"栏应当写明执行日期和执行结果。对于已立案调查而没有作出行政处罚的案件应当注明理由。

七、"承办人结案意见"栏应当写明承办人员的结案建议，由2名以上行政执法人员签名并注明日期。

八、承办机构负责人、法制部门、行政机关负责人审批意见应当写明同意、不同意或其他处理意见，其中不同意的应当说明理由，作出审批意见后签名并注明日期。

【法律依据】

1. 《中华人民共和国行政诉讼法》（2017年6月27日）

第三十四条 被告对作出的行政行为负有举证责任，应当提供作出该行政行为的证据和所依据的规范性文件。

被告不提供或者无正当理由逾期提供证据，视为没有相应证据。但是，被诉行政行为涉及第三人合法权益，第三人提供证据的除外。

2. 《城市管理执法办法》（2017年1月24日）

第二十八条 城市管理执法主管部门应当依法、全面、客观收集相关证据，规范建立城市管理执法档案并完整保存。

城市管理执法主管部门应当运用执法记录仪、视频监控等技术，实现执法活动全过程记录。

70. 卷内文件目录

卷内文件目录

序号	题名	文号	日期	页号	备注

【制作指南】

卷内文件目录，是城市管理行政执法部门对已结案的行政处罚案件，将其涉及的全部材料按档案管理规定，进行归档、制作档案目录的文书。

一、"序号"栏填写卷内文件的排列序号。用阿拉伯数字从"1"起依次标注卷内文件的顺序，一份文件只标注一个顺序号。

二、"题名"栏填写材料的标题，没有标题的，根据材料内容可自拟题名。

三、"文号"栏填写各执法文书的案号或流水编号，没有文号的可以不填。

四、"日期"栏填写文件形成的日期。

五、"页号"栏填写该材料在整个案卷中的起止号码。

六、对卷内材料有特别说明的，应当在"备注"栏中注明。

【法律依据】

1. 《中华人民共和国行政诉讼法》（2017 年 6 月 27 日）

第三十四条 被告对作出的行政行为负有举证责任，应当提供作出该行政行为的证据和所依据的规范性文件。

被告不提供或者无正当理由逾期提供证据，视为没有相应证据。但是，被诉行政行为涉及第三人合法权益，第三人提供证据的除外。

2. 《城市管理执法办法》（2017 年 1 月 24 日）

第二十八条 城市管理执法主管部门应当依法、全面、客观收集相关证据，规范建立城市管理执法档案并完整保存。

城市管理执法主管部门应当运用执法记录仪、视频监控等技术，实现执法活动全过程记录。

71. 卷宗封面

卷 宗 封 面

(城市管理行政执法部门全称)
案 卷

案　　号	
案件名称	
案发地点	
处理结果	
承办人	

立案日期	年　月　日	保管期限	
结案日期	年　月　日	归档号	

本卷共　　件　　页

全宗号	目录号	案卷号

【制作指南】

卷宗封面，是城市管理行政执法部门对已结案的行政处罚案件，按档案管理规定，形成一个案卷时制作的文书。

一、"案号"栏按具体案件中的行政决定文书填写相对应的文号。若同时涉及行政处罚和强制执行的，仅填写行政处罚决定书的文号。

二、"案件名称"栏按照"当事人姓名或名称＋违法行为性质＋案"的格式填写。

三、"案发地点"栏填写当事人实施违法行为的具体地点，与案件调查所认定的保持一致。

四、"处罚结果"栏填写案件最终的处理结果，应当分项写明行政处理的方式。

五、"承办人"栏填写承办该案件的行政执法人员姓名。

六、"立案日期"栏与《立案审批表》中负责人批准同意立案的时间一致。

七、"结案日期"栏与《案件结案报告》中的结案日期相一致。

八、"保管期限"栏可根据该案实际情况，按照规定填写保管期限。

九、"归档号"栏可由全宗号、目录号、案卷号一组数字组成的集合。

十、"其他内容"栏注明"本案件共×卷×页"。

【法律依据】

1.《中华人民共和国行政诉讼法》（2017年6月27日）

第三十四条 被告对作出的行政行为负有举证责任，应当提供作出该行政行为的证据和所依据的规范性文件。

被告不提供或者无正当理由逾期提供证据，视为没有相应证据。但是，被诉行政行为涉及第三人合法权益，第三人提供证据的除外。

2.《城市管理执法办法》（2017年1月24日）

第二十八条 城市管理执法主管部门应当依法、全面、客观收集相关证据，规范建立城市管理执法档案并完整保存。

城市管理执法主管部门应当运用执法记录仪、视频监控等技术，实现执法活动全过程记录。

72. 卷内备考表

卷 内 备 考 表

本卷情况说明：

立 卷 人：_____

检 查 人：_____

立卷时间：_____

【制作指南】

卷内备考表是城市管理行政执法部门用于说明案卷缺损、修改、补充、移出、销毁等情况的文书。

一、案卷有缺损、修改、补充、移出、销毁等情况的，在备考表中"本卷情况说明"处予以记录说明。

二、"立卷人"栏由立卷者签署。

三、"检查人"栏由档案质量审核者签署。

四、"时间"栏填写完成档案立卷的日期。

【法律依据】

1. 《中华人民共和国行政诉讼法》（2017 年 6 月 27 日）

第三十四条 被告对作出的行政行为负有举证责任，应当提供作出该行政行为的证据和所依据的规范性文件。

被告不提供或者无正当理由逾期提供证据，视为没有相应证据。但是，被诉行政行为涉及第三人合法权益，第三人提供证据的除外。

2. 《城市管理执法办法》（2017 年 1 月 24 日）

第二十八条 城市管理执法主管部门应当依法、全面、客观收集相关证据，规范建立城市管理执法档案并完整保存。

城市管理执法主管部门应当运用执法记录仪、视频监控等技术，实现执法活动全过程记录。

附录

中华人民共和国行政处罚法

(1996 年 3 月 17 日第八届全国人民代表大会第四次会议通过
根据 2009 年 8 月 27 日第十一届全国人民代表大会常务委员会第十次
会议《关于修改部分法律的决定》第一次修正　根据 2017 年 9 月 1
日第十二届全国人民代表大会常务委员会第二十九次会议《关于修
改〈中华人民共和国法官法〉等八部法律的决定》第二次修正
2021 年 1 月 22 日第十三届全国人民代表大会常务委员会第二十五次
会议修订　2021 年 1 月 22 日中华人民共和国主席令第 70 号公布
自 2021 年 7 月 15 日起施行)

目　　录

第一章　总　　则

第一条　为了规范行政处罚的设定和实施，保障和监督行政机关有效实施行政管理，维护公共利益和社会秩序，保护公民、法人或者其他组织的合法权益，根据宪法，制定本法。

第二条　行政处罚是指行政机关依法对违反行政管理秩序的公民、法人或者其他组织，以减损权益或者增加义务的方式予以惩戒的行为。

第三条　行政处罚的设定和实施，适用本法。

第四条　公民、法人或者其他组织违反行政管理秩序的行为，应当给予行政处罚的，依照本法由法律、法规、规章规定，并由行政机关依照本法规定的程序实施。

第五条　行政处罚遵循公正、公开的原则。

设定和实施行政处罚必须以事实为依据，与违法行为的事实、性质、情节以及社会危害程度相当。

对违法行为给予行政处罚的规定必须公布；未经公布的，不得作为行政处罚的依据。

第六条　实施行政处罚，纠正违法行为，应当坚持处罚与教育相结合，教育公民、法人或者其他组织自觉守法。

第七条　公民、法人或者其他组织对行政机关所给予的行政处罚，享有陈述权、申辩权；对行政处罚不服的，有权依法申请行政复议或者提起行政诉讼。

公民、法人或者其他组织因行政机关违法给予行政处罚受到损害的，有权依法提出赔偿要求。

第八条　公民、法人或者其他组织因违法行为受到行政处罚，其违法行为对他人造成损害的，应当依法承担民事责任。

违法行为构成犯罪，应当依法追究刑事责任的，不得以行政处罚代替刑事处罚。

第二章　行政处罚的种类和设定

第九条　行政处罚的种类：

（一）警告、通报批评；

（二）罚款、没收违法所得、没收非法财物；

（三）暂扣许可证件、降低资质等级、吊销许可证件；

（四）限制开展生产经营活动、责令停产停业、责令关闭、限制从业；

（五）行政拘留；

（六）法律、行政法规规定的其他行政处罚。

第十条　法律可以设定各种行政处罚。

限制人身自由的行政处罚，只能由法律设定。

第十一条 行政法规可以设定除限制人身自由以外的行政处罚。

法律对违法行为已经作出行政处罚规定，行政法规需要作出具体规定的，必须在法律规定的给予行政处罚的行为、种类和幅度的范围内规定。

法律对违法行为未作出行政处罚规定，行政法规为实施法律，可以补充设定行政处罚。拟补充设定行政处罚的，应当通过听证会、论证会等形式广泛听取意见，并向制定机关作出书面说明。行政法规报送备案时，应当说明补充设定行政处罚的情况。

第十二条 地方性法规可以设定除限制人身自由、吊销营业执照以外的行政处罚。

法律、行政法规对违法行为已经作出行政处罚规定，地方性法规需要作出具体规定的，必须在法律、行政法规规定的给予行政处罚的行为、种类和幅度的范围内规定。

法律、行政法规对违法行为未作出行政处罚规定，地方性法规为实施法律、行政法规，可以补充设定行政处罚。拟补充设定行政处罚的，应当通过听证会、论证会等形式广泛听取意见，并向制定机关作出书面说明。地方性法规报送备案时，应当说明补充设定行政处罚的情况。

第十三条 国务院部门规章可以在法律、行政法规规定的给予行政处罚的行为、种类和幅度的范围内作出具体规定。

尚未制定法律、行政法规的，国务院部门规章对违反行政管理秩序的行为，可以设定警告、通报批评或者一定数额罚款的行政处罚。罚款的限额由国务院规定。

第十四条 地方政府规章可以在法律、法规规定的给予行政处罚的行为、种类和幅度的范围内作出具体规定。

尚未制定法律、法规的，地方政府规章对违反行政管理秩序的行为，可以设定警告、通报批评或者一定数额罚款的行政处罚。罚款的限额由省、自治区、直辖市人民代表大会常务委员会规定。

第十五条 国务院部门和省、自治区、直辖市人民政府及其有关部门应当定期组织评估行政处罚的实施情况和必要性，对不适当的行政处罚事项及种类、罚款数额等，应当提出修改或者废止的建议。

第十六条 除法律、法规、规章外，其他规范性文件不得设定行政处罚。

第三章 行政处罚的实施机关

第十七条 行政处罚由具有行政处罚权的行政机关在法定职权范围内实施。

第十八条 国家在城市管理、市场监管、生态环境、文化市场、交通运输、应急管理、农业等领域推行建立综合行政执法制度，相对集中行政处罚权。

国务院或者省、自治区、直辖市人民政府可以决定一个行政机关行使有关行政机关的行政处罚权。

限制人身自由的行政处罚权只能由公安机关和法律规定的其他机关行使。

第十九条 法律、法规授权的具有管理公共事务职能的组织可以在法定授权范围内实施行政处罚。

第二十条 行政机关依照法律、法规、规章的规定，可以在其法定权限内书面委托符合本法第二十一条规定条件的组织实施行政处罚。行政机关不得委托其他组织或者个人实施行政处罚。

委托书应当载明委托的具体事项、权限、期限等内容。委托行政机关和受委托组织应当将委托书向社会公布。

委托行政机关对受委托组织实施行政处罚的行为应当负责监督，并对该行为的后果承担法律责任。

受委托组织在委托范围内，以委托行政机关名义实施行政处罚；不得再委托其他组织或者个人实施行政处罚。

第二十一条 受委托组织必须符合以下条件：

（一）依法成立并具有管理公共事务职能；

（二）有熟悉有关法律、法规、规章和业务并取得行政执法资格的工作人员；

（三）需要进行技术检查或者技术鉴定的，应当有条件组织进行相应的技术检查或者技术鉴定。

第四章 行政处罚的管辖和适用

第二十二条 行政处罚由违法行为发生地的行政机关管辖。法律、行政法规、部门规章另有规定的，从其规定。

第二十三条 行政处罚由县级以上地方人民政府具有行政处罚权的行政

机关管辖。法律、行政法规另有规定的，从其规定。

第二十四条　省、自治区、直辖市根据当地实际情况，可以决定将基层管理迫切需要的县级人民政府部门的行政处罚权交由能够有效承接的乡镇人民政府、街道办事处行使，并定期组织评估。决定应当公布。

承接行政处罚权的乡镇人民政府、街道办事处应当加强执法能力建设，按照规定范围、依照法定程序实施行政处罚。

有关地方人民政府及其部门应当加强组织协调、业务指导、执法监督，建立健全行政处罚协调配合机制，完善评议、考核制度。

第二十五条　两个以上行政机关都有管辖权的，由最先立案的行政机关管辖。

对管辖发生争议的，应当协商解决，协商不成的，报请共同的上一级行政机关指定管辖；也可以直接由共同的上一级行政机关指定管辖。

第二十六条　行政机关因实施行政处罚的需要，可以向有关机关提出协助请求。协助事项属于被请求机关职权范围内的，应当依法予以协助。

第二十七条　违法行为涉嫌犯罪的，行政机关应当及时将案件移送司法机关，依法追究刑事责任。对依法不需要追究刑事责任或者免予刑事处罚，但应当给予行政处罚的，司法机关应当及时将案件移送有关行政机关。

行政处罚实施机关与司法机关之间应当加强协调配合，建立健全案件移送制度，加强证据材料移交、接收衔接，完善案件处理信息通报机制。

第二十八条　行政机关实施行政处罚时，应当责令当事人改正或者限期改正违法行为。

当事人有违法所得，除依法应当退赔的外，应当予以没收。违法所得是指实施违法行为所取得的款项。法律、行政法规、部门规章对违法所得的计算另有规定的，从其规定。

第二十九条　对当事人的同一个违法行为，不得给予两次以上罚款的行政处罚。同一个违法行为违反多个法律规范应当给予罚款处罚的，按照罚款数额高的规定处罚。

第三十条　不满十四周岁的未成年人有违法行为的，不予行政处罚，责令监护人加以管教；已满十四周岁不满十八周岁的未成年人有违法行为的，应当从轻或者减轻行政处罚。

第三十一条　精神病人、智力残疾人在不能辨认或者不能控制自己行为时有违法行为的，不予行政处罚，但应当责令其监护人严加看管和治疗。间歇性精神病人在精神正常时有违法行为的，应当给予行政处罚。尚未完全丧失辨认或者控制自己行为能力的精神病人、智力残疾人有违法行为的，可以从轻或者减轻行政处罚。

第三十二条 当事人有下列情形之一，应当从轻或者减轻行政处罚：

（一）主动消除或者减轻违法行为危害后果的；

（二）受他人胁迫或者诱骗实施违法行为的；

（三）主动供述行政机关尚未掌握的违法行为的；

（四）配合行政机关查处违法行为有立功表现的；

（五）法律、法规、规章规定其他应当从轻或者减轻行政处罚的。

第三十三条 违法行为轻微并及时改正，没有造成危害后果的，不予行政处罚。初次违法且危害后果轻微并及时改正的，可以不予行政处罚。

当事人有证据足以证明没有主观过错的，不予行政处罚。法律、行政法规另有规定的，从其规定。

对当事人的违法行为依法不予行政处罚的，行政机关应当对当事人进行教育。

第三十四条 行政机关可以依法制定行政处罚裁量基准，规范行使行政处罚裁量权。行政处罚裁量基准应当向社会公布。

第三十五条 违法行为构成犯罪，人民法院判处拘役或者有期徒刑时，行政机关已经给予当事人行政拘留的，应当依法折抵相应刑期。

违法行为构成犯罪，人民法院判处罚金时，行政机关已经给予当事人罚款的，应当折抵相应罚金；行政机关尚未给予当事人罚款的，不再给予罚款。

第三十六条 违法行为在二年内未被发现的，不再给予行政处罚；涉及公民生命健康安全、金融安全且有危害后果的，上述期限延长至五年。法律另有规定的除外。

前款规定的期限，从违法行为发生之日起计算；违法行为有连续或者继续状态的，从行为终了之日起计算。

第三十七条 实施行政处罚，适用违法行为发生时的法律、法规、规章的规定。但是，作出行政处罚决定时，法律、法规、规章已被修改或者废止，且新的规定处罚较轻或者不认为是违法的，适用新的规定。

第三十八条 行政处罚没有依据或者实施主体不具有行政主体资格的，行政处罚无效。

违反法定程序构成重大且明显违法的，行政处罚无效。

第五章 行政处罚的决定

第一节 一般规定

第三十九条 行政处罚的实施机关、立案依据、实施程序和救济渠道等信息应当公示。

第四十条 公民、法人或者其他组织违反行政管理秩序的行为，依法应当给予行政处罚的，行政机关必须查明事实；违法事实不清、证据不足的，不得给予行政处罚。

第四十一条 行政机关依照法律、行政法规规定利用电子技术监控设备收集、固定违法事实的，应当经过法制和技术审核，确保电子技术监控设备符合标准、设置合理、标志明显，设置地点应当向社会公布。

电子技术监控设备记录违法事实应当真实、清晰、完整、准确。行政机关应当审核记录内容是否符合要求；未经审核或者经审核不符合要求的，不得作为行政处罚的证据。

行政机关应当及时告知当事人违法事实，并采取信息化手段或者其他措施，为当事人查询、陈述和申辩提供便利。不得限制或者变相限制当事人享有的陈述权、申辩权。

第四十二条 行政处罚应当由具有行政执法资格的执法人员实施。执法人员不得少于两人，法律另有规定的除外。

执法人员应当文明执法，尊重和保护当事人合法权益。

第四十三条 执法人员与案件有直接利害关系或者有其他关系可能影响公正执法的，应当回避。

当事人认为执法人员与案件有直接利害关系或者有其他关系可能影响公正执法的，有权申请回避。

当事人提出回避申请的，行政机关应当依法审查，由行政机关负责人决定。决定作出之前，不停止调查。

第四十四条 行政机关在作出行政处罚决定之前，应当告知当事人拟作出的行政处罚内容及事实、理由、依据，并告知当事人依法享有的陈述、申辩、要求听证等权利。

第四十五条 当事人有权进行陈述和申辩。行政机关必须充分听取当事人的意见，对当事人提出的事实、理由和证据，应当进行复核；当事人提出的事实、理由或者证据成立的，行政机关应当采纳。

行政机关不得因当事人陈述、申辩而给予更重的处罚。

第四十六条 证据包括：

（一）书证；

（二）物证；

（三）视听资料；

（四）电子数据；

（五）证人证言；

（六）当事人的陈述；

（七）鉴定意见；

（八）勘验笔录、现场笔录。

证据必须经查证属实，方可作为认定案件事实的根据。

以非法手段取得的证据，不得作为认定案件事实的根据。

第四十七条 行政机关应当依法以文字、音像等形式，对行政处罚的启动、调查取证、审核、决定、送达、执行等进行全过程记录，归档保存。

第四十八条 具有一定社会影响的行政处罚决定应当依法公开。

公开的行政处罚决定被依法变更、撤销、确认违法或者确认无效的，行政机关应当在三日内撤回行政处罚决定信息并公开说明理由。

第四十九条 发生重大传染病疫情等突发事件，为了控制、减轻和消除突发事件引起的社会危害，行政机关对违反突发事件应对措施的行为，依法快速、从重处罚。

第五十条 行政机关及其工作人员对实施行政处罚过程中知悉的国家秘密、商业秘密或者个人隐私，应当依法予以保密。

第二节 简易程序

第五十一条 违法事实确凿并有法定依据，对公民处以二百元以下、对法人或者其他组织处以三千元以下罚款或者警告的行政处罚的，可以当场作出行政处罚决定。法律另有规定的，从其规定。

第五十二条 执法人员当场作出行政处罚决定的，应当向当事人出示执法证件，填写预定格式、编有号码的行政处罚决定书，并当场交付当事人。当事人拒绝签收的，应当在行政处罚决定书上注明。

前款规定的行政处罚决定书应当载明当事人的违法行为，行政处罚的种类和依据、罚款数额、时间、地点，申请行政复议、提起行政诉讼的途径和期限以及行政机关名称，并由执法人员签名或者盖章。

执法人员当场作出的行政处罚决定，应当报所属行政机关备案。

第五十三条 对当场作出的行政处罚决定，当事人应当依照本法第六十七条至第六十九条的规定履行。

第三节 普通程序

第五十四条 除本法第五十一条规定的可以当场作出的行政处罚外，行政机关发现公民、法人或者其他组织有依法应当给予行政处罚的行为的，必须全面、客观、公正地调查，收集有关证据；必要时，依照法律、法规的规定，可以进行检查。

符合立案标准的，行政机关应当及时立案。

第五十五条 执法人员在调查或者进行检查时，应当主动向当事人或者有关人员出示执法证件。当事人或者有关人员有权要求执法人员出示执法证件。执法人员不出示执法证件的，当事人或者有关人员有权拒绝接受调查或者检查。

当事人或者有关人员应当如实回答询问，并协助调查或者检查，不得拒绝或者阻挠。询问或者检查应当制作笔录。

第五十六条 行政机关在收集证据时，可以采取抽样取证的方法；在证据可能灭失或者以后难以取得的情况下，经行政机关负责人批准，可以先行登记保存，并应当在七日内及时作出处理决定，在此期间，当事人或者有关人员不得销毁或者转移证据。

第五十七条 调查终结，行政机关负责人应当对调查结果进行审查，根据不同情况，分别作出如下决定：

（一）确有应受行政处罚的违法行为的，根据情节轻重及具体情况，作出行政处罚决定；

（二）违法行为轻微，依法可以不予行政处罚的，不予行政处罚；

（三）违法事实不能成立的，不予行政处罚；

（四）违法行为涉嫌犯罪的，移送司法机关。

对情节复杂或者重大违法行为给予行政处罚，行政机关负责人应当集体讨论决定。

第五十八条 有下列情形之一，在行政机关负责人作出行政处罚的决定之前，应当由从事行政处罚决定法制审核的人员进行法制审核；未经法制审核或者审核未通过的，不得作出决定：

（一）涉及重大公共利益的；

（二）直接关系当事人或者第三人重大权益，经过听证程序的；

（三）案件情况疑难复杂、涉及多个法律关系的；

（四）法律、法规规定应当进行法制审核的其他情形。

行政机关中初次从事行政处罚决定法制审核的人员，应当通过国家统一法律职业资格考试取得法律职业资格。

第五十九条 行政机关依照本法第五十七条的规定给予行政处罚，应当制作行政处罚决定书。行政处罚决定书应当载明下列事项：

（一）当事人的姓名或者名称、地址；

（二）违反法律、法规、规章的事实和证据；

（三）行政处罚的种类和依据；

（四）行政处罚的履行方式和期限；

（五）申请行政复议、提起行政诉讼的途径和期限；

（六）作出行政处罚决定的行政机关名称和作出决定的日期。

行政处罚决定书必须盖有作出行政处罚决定的行政机关的印章。

第六十条 行政机关应当自行政处罚案件立案之日起九十日内作出行政处罚决定。法律、法规、规章另有规定的，从其规定。

第六十一条 行政处罚决定书应当在宣告后当场交付当事人；当事人不在场的，行政机关应当在七日内依照《中华人民共和国民事诉讼法》的有关规定，将行政处罚决定书送达当事人。

当事人同意并签订确认书的，行政机关可以采用传真、电子邮件等方式，将行政处罚决定书等送达当事人。

第六十二条 行政机关及其执法人员在作出行政处罚决定之前，未依照本法第四十四条、第四十五条的规定向当事人告知拟作出的行政处罚内容及事实、理由、依据，或者拒绝听取当事人的陈述、申辩，不得作出行政处罚决定；当事人明确放弃陈述或者申辩权利的除外。

第四节　听证程序

第六十三条 行政机关拟作出下列行政处罚决定，应当告知当事人有要求听证的权利，当事人要求听证的，行政机关应当组织听证：

（一）较大数额罚款；

（二）没收较大数额违法所得、没收较大价值非法财物；

（三）降低资质等级、吊销许可证件；

（四）责令停产停业、责令关闭、限制从业；

（五）其他较重的行政处罚；

（六）法律、法规、规章规定的其他情形。

当事人不承担行政机关组织听证的费用。

第六十四条 听证应当依照以下程序组织：

（一）当事人要求听证的，应当在行政机关告知后五日内提出；

（二）行政机关应当在举行听证的七日前，通知当事人及有关人员听证的时间、地点；

（三）除涉及国家秘密、商业秘密或者个人隐私依法予以保密外，听证公开举行；

（四）听证由行政机关指定的非本案调查人员主持；当事人认为主持人与本案有直接利害关系的，有权申请回避；

（五）当事人可以亲自参加听证，也可以委托一至二人代理；

（六）当事人及其代理人无正当理由拒不出席听证或者未经许可中途退出听证的，视为放弃听证权利，行政机关终止听证；

（七）举行听证时，调查人员提出当事人违法的事实、证据和行政处罚建议，当事人进行申辩和质证；

（八）听证应当制作笔录。笔录应当交当事人或者其代理人核对无误后签字或者盖章。当事人或者其代理人拒绝签字或者盖章的，由听证主持人在笔录中注明。

第六十五条 听证结束后，行政机关应当根据听证笔录，依照本法第五十七条的规定，作出决定。

第六章 行政处罚的执行

第六十六条 行政处罚决定依法作出后，当事人应当在行政处罚决定书载明的期限内，予以履行。

当事人确有经济困难，需要延期或者分期缴纳罚款的，经当事人申请和行政机关批准，可以暂缓或者分期缴纳。

第六十七条 作出罚款决定的行政机关应当与收缴罚款的机构分离。

除依照本法第六十八条、第六十九条的规定当场收缴的罚款外，作出行政处罚决定的行政机关及其执法人员不得自行收缴罚款。

当事人应当自收到行政处罚决定书之日起十五日内，到指定的银行或者通过电子支付系统缴纳罚款。银行应当收受罚款，并将罚款直接上缴国库。

第六十八条 依照本法第五十一条的规定当场作出行政处罚决定，有下列情形之一，执法人员可以当场收缴罚款：

（一）依法给予一百元以下罚款的；

（二）不当场收缴事后难以执行的。

第六十九条 在边远、水上、交通不便地区，行政机关及其执法人员依照本法第五十一条、第五十七条的规定作出罚款决定后，当事人到指定的银行或者通过电子支付系统缴纳罚款确有困难，经当事人提出，行政机关及其执法人员可以当场收缴罚款。

第七十条 行政机关及其执法人员当场收缴罚款的，必须向当事人出具国务院财政部门或者省、自治区、直辖市人民政府财政部门统一制发的专用票据；不出具财政部门统一制发的专用票据的，当事人有权拒绝缴纳罚款。

第七十一条 执法人员当场收缴的罚款，应当自收缴罚款之日起二日内，交至行政机关；在水上当场收缴的罚款，应当自抵岸之日起二日内交至行政机关；行政机关应当在二日内将罚款缴付指定的银行。

第七十二条 当事人逾期不履行行政处罚决定的，作出行政处罚决定的行政机关可以采取下列措施：

（一）到期不缴纳罚款的，每日按罚款数额的百分之三加处罚款，加处罚款的数额不得超出罚款的数额；

（二）根据法律规定，将查封、扣押的财物拍卖、依法处理或者将冻结的存款、汇款划拨抵缴罚款；

（三）根据法律规定，采取其他行政强制执行方式；

（四）依照《中华人民共和国行政强制法》的规定申请人民法院强制执行。

行政机关批准延期、分期缴纳罚款的，申请人民法院强制执行的期限，自暂缓或者分期缴纳罚款期限结束之日起计算。

第七十三条 当事人对行政处罚决定不服，申请行政复议或者提起行政诉讼的，行政处罚不停止执行，法律另有规定的除外。

当事人对限制人身自由的行政处罚决定不服，申请行政复议或者提起行政诉讼的，可以向作出决定的机关提出暂缓执行申请。符合法律规定情形的，应当暂缓执行。

当事人申请行政复议或者提起行政诉讼的，加处罚款的数额在行政复议或者行政诉讼期间不予计算。

第七十四条 除依法应当予以销毁的物品外，依法没收的非法财物必须按照国家规定公开拍卖或者按照国家有关规定处理。

罚款、没收的违法所得或者没收非法财物拍卖的款项，必须全部上缴国库，任何行政机关或者个人不得以任何形式截留、私分或者变相私分。

罚款、没收的违法所得或者没收非法财物拍卖的款项，不得同作出行政处罚决定的行政机关及其工作人员的考核、考评直接或者变相挂钩。除依法应当退还、退赔的外，财政部门不得以任何形式向作出行政处罚决定的行政机关返还罚款、没收的违法所得或者没收非法财物拍卖的款项。

第七十五条 行政机关应当建立健全对行政处罚的监督制度。县级以上人民政府应当定期组织开展行政执法评议、考核，加强对行政处罚的监督检查，规范和保障行政处罚的实施。

行政机关实施行政处罚应当接受社会监督。公民、法人或者其他组织对行政机关实施行政处罚的行为，有权申诉或者检举；行政机关应当认真审查，发现有错误的，应当主动改正。

第七章 法 律 责 任

第七十六条 行政机关实施行政处罚，有下列情形之一，由上级行政机关或者有关机关责令改正，对直接负责的主管人员和其他直接责任人员依法给予处分：

（一）没有法定的行政处罚依据的；

（二）擅自改变行政处罚种类、幅度的；

（三）违反法定的行政处罚程序的；

（四）违反本法第二十条关于委托处罚的规定的；

（五）执法人员未取得执法证件的。

行政机关对符合立案标准的案件不及时立案的，依照前款规定予以处理。

第七十七条 行政机关对当事人进行处罚不使用罚款、没收财物单据或者使用非法定部门制发的罚款、没收财物单据的，当事人有权拒绝，并有权予以检举，由上级行政机关或者有关机关对使用的非法单据予以收缴销毁，对直接负责的主管人员和其他直接责任人员依法给予处分。

第七十八条　行政机关违反本法第六十七条的规定自行收缴罚款的，财政部门违反本法第七十四条的规定向行政机关返还罚款、没收的违法所得或者拍卖款项的，由上级行政机关或者有关机关责令改正，对直接负责的主管人员和其他直接责任人员依法给予处分。

第七十九条　行政机关截留、私分或者变相私分罚款、没收的违法所得或者财物的，由财政部门或者有关机关予以追缴，对直接负责的主管人员和其他直接责任人员依法给予处分；情节严重构成犯罪的，依法追究刑事责任。

执法人员利用职务上的便利，索取或者收受他人财物、将收缴罚款据为己有，构成犯罪的，依法追究刑事责任；情节轻微不构成犯罪的，依法给予处分。

第八十条　行政机关使用或者损毁查封、扣押的财物，对当事人造成损失的，应当依法予以赔偿，对直接负责的主管人员和其他直接责任人员依法给予处分。

第八十一条　行政机关违法实施检查措施或者执行措施，给公民人身或者财产造成损害、给法人或者其他组织造成损失的，应当依法予以赔偿，对直接负责的主管人员和其他直接责任人员依法给予处分；情节严重构成犯罪的，依法追究刑事责任。

第八十二条　行政机关对应当依法移交司法机关追究刑事责任的案件不移交，以行政处罚代替刑事处罚，由上级行政机关或者有关机关责令改正，对直接负责的主管人员和其他直接责任人员依法给予处分；情节严重构成犯罪的，依法追究刑事责任。

第八十三条　行政机关对应当予以制止和处罚的违法行为不予制止、处罚，致使公民、法人或者其他组织的合法权益、公共利益和社会秩序遭受损害的，对直接负责的主管人员和其他直接责任人员依法给予处分；情节严重构成犯罪的，依法追究刑事责任。

第八章　附　则

第八十四条　外国人、无国籍人、外国组织在中华人民共和国领域内有违法行为，应当给予行政处罚的，适用本法，法律另有规定的除外。

第八十五条　本法中"二日""三日""五日""七日"的规定是指工作日，不含法定节假日。

第八十六条　本法自 2021 年 7 月 15 日起施行。

中华人民共和国行政强制法

(2011 年 6 月 30 日第十一届全国人民代表大会常务委员会第二十一次会议通过　2011 年 6 月 30 日中华人民共和国主席令第 49 号公布　自 2012 年 1 月 1 日起施行)

目　　录

第一章　总　　则

第一条　为了规范行政强制的设定和实施，保障和监督行政机关依法履行职责，维护公共利益和社会秩序，保护公民、法人和其他组织的合法权益，根据宪法，制定本法。

第二条　本法所称行政强制，包括行政强制措施和行政强制执行。

行政强制措施，是指行政机关在行政管理过程中，为制止违法行为、防止证据损毁、避免危害发生、控制危险扩大等情形，依法对公民的人身自由实施暂时性限制，或者对公民、法人或者其他组织的财物实施暂时性控制的行为。

行政强制执行，是指行政机关或者行政机关申请人民法院，对不履行行政决定的公民、法人或者其他组织，依法强制履行义务的行为。

第三条 行政强制的设定和实施，适用本法。

发生或者即将发生自然灾害、事故灾难、公共卫生事件或者社会安全事件等突发事件，行政机关采取应急措施或者临时措施，依照有关法律、行政法规的规定执行。

行政机关采取金融业审慎监管措施、进出境货物强制性技术监控措施，依照有关法律、行政法规的规定执行。

第四条 行政强制的设定和实施，应当依照法定的权限、范围、条件和程序。

第五条 行政强制的设定和实施，应当适当。采用非强制手段可以达到行政管理目的的，不得设定和实施行政强制。

第六条 实施行政强制，应当坚持教育与强制相结合。

第七条 行政机关及其工作人员不得利用行政强制权为单位或者个人谋取利益。

第八条 公民、法人或者其他组织对行政机关实施行政强制，享有陈述权、申辩权；有权依法申请行政复议或者提起行政诉讼；因行政机关违法实施行政强制受到损害的，有权依法要求赔偿。

公民、法人或者其他组织因人民法院在强制执行中有违法行为或者扩大强制执行范围受到损害的，有权依法要求赔偿。

第二章 行政强制的种类和设定

第九条 行政强制措施的种类：

（一）限制公民人身自由；

（二）查封场所、设施或者财物；

（三）扣押财物；

（四）冻结存款、汇款；

（五）其他行政强制措施。

第十条 行政强制措施由法律设定。

尚未制定法律，且属于国务院行政管理职权事项的，行政法规可以设定除本法第九条第一项、第四项和应当由法律规定的行政强制措施以外的其他行政强制措施。

尚未制定法律、行政法规，且属于地方性事务的，地方性法规可以设定本法第九条第二项、第三项的行政强制措施。

法律、法规以外的其他规范性文件不得设定行政强制措施。

第十一条 法律对行政强制措施的对象、条件、种类作了规定的，行政法规、地方性法规不得作出扩大规定。

法律中未设定行政强制措施的，行政法规、地方性法规不得设定行政强制措施。但是，法律规定特定事项由行政法规规定具体管理措施的，行政法规可以设定除本法第九条第一项、第四项和应当由法律规定的行政强制措施以外的其他行政强制措施。

第十二条 行政强制执行的方式：

（一）加处罚款或者滞纳金；

（二）划拨存款、汇款；

（三）拍卖或者依法处理查封、扣押的场所、设施或者财物；

（四）排除妨碍、恢复原状；

（五）代履行；

（六）其他强制执行方式。

第十三条 行政强制执行由法律设定。

法律没有规定行政机关强制执行的，作出行政决定的行政机关应当申请人民法院强制执行。

第十四条 起草法律草案、法规草案，拟设定行政强制的，起草单位应当采取听证会、论证会等形式听取意见，并向制定机关说明设定该行政强制的必要性、可能产生的影响以及听取和采纳意见的情况。

第十五条 行政强制的设定机关应当定期对其设定的行政强制进行评价，并对不适当的行政强制及时予以修改或者废止。

行政强制的实施机关可以对已设定的行政强制的实施情况及存在的必要性适时进行评价，并将意见报告该行政强制的设定机关。

公民、法人或者其他组织可以向行政强制的设定机关和实施机关就行政强制的设定和实施提出意见和建议。有关机关应当认真研究论证，并以适当方式予以反馈。

第三章 行政强制措施实施程序

第一节 一般规定

第十六条 行政机关履行行政管理职责，依照法律、法规的规定，实施行政强制措施。

违法行为情节显著轻微或者没有明显社会危害的，可以不采取行政强制措施。

第十七条 行政强制措施由法律、法规规定的行政机关在法定职权范围内实施。行政强制措施权不得委托。

依据《中华人民共和国行政处罚法》的规定行使相对集中行政处罚权的行政机关，可以实施法律、法规规定的与行政处罚权有关的行政强制措施。

行政强制措施应当由行政机关具备资格的行政执法人员实施，其他人员不得实施。

第十八条 行政机关实施行政强制措施应当遵守下列规定：

（一）实施前须向行政机关负责人报告并经批准；

（二）由两名以上行政执法人员实施；

（三）出示执法身份证件；

（四）通知当事人到场；

（五）当场告知当事人采取行政强制措施的理由、依据以及当事人依法享有的权利、救济途径；

（六）听取当事人的陈述和申辩；

（七）制作现场笔录；

（八）现场笔录由当事人和行政执法人员签名或者盖章，当事人拒绝的，在笔录中予以注明；

（九）当事人不到场的，邀请见证人到场，由见证人和行政执法人员在现场笔录上签名或者盖章；

（十）法律、法规规定的其他程序。

第十九条 情况紧急，需要当场实施行政强制措施的，行政执法人员应当在二十四小时内向行政机关负责人报告，并补办批准手续。行政机关负责人认为不应当采取行政强制措施的，应当立即解除。

第二十条 依照法律规定实施限制公民人身自由的行政强制措施，除应当履行本法第十八条规定的程序外，还应当遵守下列规定：

（一）当场告知或者实施行政强制措施后立即通知当事人家属实施行政强制措施的行政机关、地点和期限；

（二）在紧急情况下当场实施行政强制措施的，在返回行政机关后，立即向行政机关负责人报告并补办批准手续；

（三）法律规定的其他程序。

实施限制人身自由的行政强制措施不得超过法定期限。实施行政强制措施的目的已经达到或者条件已经消失，应当立即解除。

第二十一条　违法行为涉嫌犯罪应当移送司法机关的，行政机关应当将查封、扣押、冻结的财物一并移送，并书面告知当事人。

第二节　查封、扣押

第二十二条　查封、扣押应当由法律、法规规定的行政机关实施，其他任何行政机关或者组织不得实施。

第二十三条　查封、扣押限于涉案的场所、设施或者财物，不得查封、扣押与违法行为无关的场所、设施或者财物；不得查封、扣押公民个人及其所扶养家属的生活必需品。

当事人的场所、设施或者财物已被其他国家机关依法查封的，不得重复查封。

第二十四条　行政机关决定实施查封、扣押的，应当履行本法第十八条规定的程序，制作并当场交付查封、扣押决定书和清单。

查封、扣押决定书应当载明下列事项：

（一）当事人的姓名或者名称、地址；

（二）查封、扣押的理由、依据和期限；

（三）查封、扣押场所、设施或者财物的名称、数量等；

（四）申请行政复议或者提起行政诉讼的途径和期限；

（五）行政机关的名称、印章和日期。

查封、扣押清单一式二份，由当事人和行政机关分别保存。

第二十五条　查封、扣押的期限不得超过三十日；情况复杂的，经行政机关负责人批准，可以延长，但是延长期限不得超过三十日。法律、行政法规另有规定的除外。

延长查封、扣押的决定应当及时书面告知当事人，并说明理由。

对物品需要进行检测、检验、检疫或者技术鉴定的，查封、扣押的期间不包括检测、检验、检疫或者技术鉴定的期间。检测、检验、检疫或者技术鉴定的期间应当明确，并书面告知当事人。检测、检验、检疫或者技术鉴定的费用由行政机关承担。

第二十六条　对查封、扣押的场所、设施或者财物，行政机关应当妥善保管，不得使用或者损毁；造成损失的，应当承担赔偿责任。

对查封的场所、设施或者财物，行政机关可以委托第三人保管，第三人不得损毁或者擅自转移、处置。因第三人的原因造成的损失，行政机关先行赔付后，有权向第三人追偿。

因查封、扣押发生的保管费用由行政机关承担。

第二十七条 行政机关采取查封、扣押措施后，应当及时查清事实，在本法第二十五条规定的期限内作出处理决定。对违法事实清楚，依法应当没收的非法财物予以没收；法律、行政法规规定应当销毁的，依法销毁；应当解除查封、扣押的，作出解除查封、扣押的决定。

第二十八条 有下列情形之一的，行政机关应当及时作出解除查封、扣押决定：

（一）当事人没有违法行为；

（二）查封、扣押的场所、设施或者财物与违法行为无关；

（三）行政机关对违法行为已经作出处理决定，不再需要查封、扣押；

（四）查封、扣押期限已经届满；

（五）其他不再需要采取查封、扣押措施的情形。

解除查封、扣押应当立即退还财物；已将鲜活物品或者其他不易保管的财物拍卖或者变卖的，退还拍卖或者变卖所得款项。变卖价格明显低于市场价格，给当事人造成损失的，应当给予补偿。

第三节 冻 结

第二十九条 冻结存款、汇款应当由法律规定的行政机关实施，不得委托给其他行政机关或者组织；其他任何行政机关或者组织不得冻结存款、汇款。

冻结存款、汇款的数额应当与违法行为涉及的金额相当；已被其他国家机关依法冻结的，不得重复冻结。

第三十条 行政机关依照法律规定决定实施冻结存款、汇款的，应当履行本法第十八条第一项、第二项、第三项、第七项规定的程序，并向金融机构交付冻结通知书。

金融机构接到行政机关依法作出的冻结通知书后，应当立即予以冻结，不得拖延，不得在冻结前向当事人泄露信息。

法律规定以外的行政机关或者组织要求冻结当事人存款、汇款的，金融机构应当拒绝。

第三十一条　依照法律规定冻结存款、汇款的，作出决定的行政机关应当在三日内向当事人交付冻结决定书。冻结决定书应当载明下列事项：

（一）当事人的姓名或者名称、地址；

（二）冻结的理由、依据和期限；

（三）冻结的账号和数额；

（四）申请行政复议或者提起行政诉讼的途径和期限；

（五）行政机关的名称、印章和日期。

第三十二条　自冻结存款、汇款之日起三十日内，行政机关应当作出处理决定或者作出解除冻结决定；情况复杂的，经行政机关负责人批准，可以延长，但是延长期限不得超过三十日。法律另有规定的除外。

延长冻结的决定应当及时书面告知当事人，并说明理由。

第三十三条　有下列情形之一的，行政机关应当及时作出解除冻结决定：

（一）当事人没有违法行为；

（二）冻结的存款、汇款与违法行为无关；

（三）行政机关对违法行为已经作出处理决定，不再需要冻结；

（四）冻结期限已经届满；

（五）其他不再需要采取冻结措施的情形。

行政机关作出解除冻结决定的，应当及时通知金融机构和当事人。金融机构接到通知后，应当立即解除冻结。

行政机关逾期未作出处理决定或者解除冻结决定的，金融机构应当自冻结期满之日起解除冻结。

第四章　行政机关强制执行程序

第一节　一般规定

第三十四条　行政机关依法作出行政决定后，当事人在行政机关决定的期限内不履行义务的，具有行政强制执行权的行政机关依照本章规定强制执行。

第三十五条　行政机关作出强制执行决定前，应当事先催告当事人履行义务。催告应当以书面形式作出，并载明下列事项：

（一）履行义务的期限；

（二）履行义务的方式；

（三）涉及金钱给付的，应当有明确的金额和给付方式；

（四）当事人依法享有的陈述权和申辩权。

第三十六条 当事人收到催告书后有权进行陈述和申辩。行政机关应当充分听取当事人的意见，对当事人提出的事实、理由和证据，应当进行记录、复核。当事人提出的事实、理由或者证据成立的，行政机关应当采纳。

第三十七条 经催告，当事人逾期仍不履行行政决定，且无正当理由的，行政机关可以作出强制执行决定。

强制执行决定应当以书面形式作出，并载明下列事项：

（一）当事人的姓名或者名称、地址；

（二）强制执行的理由和依据；

（三）强制执行的方式和时间；

（四）申请行政复议或者提起行政诉讼的途径和期限；

（五）行政机关的名称、印章和日期。

在催告期间，对有证据证明有转移或者隐匿财物迹象的，行政机关可以作出立即强制执行决定。

第三十八条 催告书、行政强制执行决定书应当直接送达当事人。当事人拒绝接收或者无法直接送达当事人的，应当依照《中华人民共和国民事诉讼法》的有关规定送达。

第三十九条 有下列情形之一的，中止执行：

（一）当事人履行行政决定确有困难或者暂无履行能力的；

（二）第三人对执行标的主张权利，确有理由的；

（三）执行可能造成难以弥补的损失，且中止执行不损害公共利益的；

（四）行政机关认为需要中止执行的其他情形。

中止执行的情形消失后，行政机关应当恢复执行。对没有明显社会危害，当事人确无能力履行，中止执行满三年未恢复执行的，行政机关不再执行。

第四十条 有下列情形之一的，终结执行：

（一）公民死亡，无遗产可供执行，又无义务承受人的；

（二）法人或者其他组织终止，无财产可供执行，又无义务承受人的；

（三）执行标的灭失的；

（四）据以执行的行政决定被撤销的；

（五）行政机关认为需要终结执行的其他情形。

第四十一条　在执行中或者执行完毕后，据以执行的行政决定被撤销、变更，或者执行错误的，应当恢复原状或者退还财物；不能恢复原状或者退还财物的，依法给予赔偿。

第四十二条　实施行政强制执行，行政机关可以在不损害公共利益和他人合法权益的情况下，与当事人达成执行协议。执行协议可以约定分阶段履行；当事人采取补救措施的，可以减免加处的罚款或者滞纳金。

执行协议应当履行。当事人不履行执行协议的，行政机关应当恢复强制执行。

第四十三条　行政机关不得在夜间或者法定节假日实施行政强制执行。但是，情况紧急的除外。

行政机关不得对居民生活采取停止供水、供电、供热、供燃气等方式迫使当事人履行相关行政决定。

第四十四条　对违法的建筑物、构筑物、设施等需要强制拆除的，应当由行政机关予以公告，限期当事人自行拆除。当事人在法定期限内不申请行政复议或者提起行政诉讼，又不拆除的，行政机关可以依法强制拆除。

第二节　金钱给付义务的执行

第四十五条　行政机关依法作出金钱给付义务的行政决定，当事人逾期不履行的，行政机关可以依法加处罚款或者滞纳金。加处罚款或者滞纳金的标准应当告知当事人。

加处罚款或者滞纳金的数额不得超出金钱给付义务的数额。

第四十六条　行政机关依照本法第四十五条规定实施加处罚款或者滞纳金超过三十日，经催告当事人仍不履行的，具有行政强制执行权的行政机关可以强制执行。

行政机关实施强制执行前，需要采取查封、扣押、冻结措施的，依照本法第三章规定办理。

没有行政强制执行权的行政机关应当申请人民法院强制执行。但是，当事人在法定期限内不申请行政复议或者提起行政诉讼，经催告仍不履行的，在实施行政管理过程中已经采取查封、扣押措施的行政机关，可以将查封、扣押的财物依法拍卖抵缴罚款。

第四十七条　划拨存款、汇款应当由法律规定的行政机关决定，并书面通知金融机构。金融机构接到行政机关依法作出划拨存款、汇款的决定后，应当立即划拨。

法律规定以外的行政机关或者组织要求划拨当事人存款、汇款的，金融机构应当拒绝。

第四十八条 依法拍卖财物，由行政机关委托拍卖机构依照《中华人民共和国拍卖法》的规定办理。

第四十九条 划拨的存款、汇款以及拍卖和依法处理所得的款项应当上缴国库或者划入财政专户。任何行政机关或者个人不得以任何形式截留、私分或者变相私分。

第三节 代 履 行

第五十条 行政机关依法作出要求当事人履行排除妨碍、恢复原状等义务的行政决定，当事人逾期不履行，经催告仍不履行，其后果已经或者将危害交通安全、造成环境污染或者破坏自然资源的，行政机关可以代履行，或者委托没有利害关系的第三人代履行。

第五十一条 代履行应当遵守下列规定：

（一）代履行前送达决定书，代履行决定书应当载明当事人的姓名或者名称、地址，代履行的理由和依据、方式和时间、标的、费用预算以及代履行人；

（二）代履行三日前，催告当事人履行，当事人履行的，停止代履行；

（三）代履行时，作出决定的行政机关应当派员到场监督；

（四）代履行完毕，行政机关到场监督的工作人员、代履行人和当事人或者见证人应当在执行文书上签名或者盖章。

代履行的费用按照成本合理确定，由当事人承担。但是，法律另有规定的除外。

代履行不得采用暴力、胁迫以及其他非法方式。

第五十二条 需要立即清除道路、河道、航道或者公共场所的遗洒物、障碍物或者污染物，当事人不能清除的，行政机关可以决定立即实施代履行；当事人不在场的，行政机关应当在事后立即通知当事人，并依法作出处理。

第五章 申请人民法院强制执行

第五十三条 当事人在法定期限内不申请行政复议或者提起行政诉讼，又不履行行政决定的，没有行政强制执行权的行政机关可以自期限届满之日起三个月内，依照本章规定申请人民法院强制执行。

第五十四条 行政机关申请人民法院强制执行前，应当催告当事人履行义务。催告书送达十日后当事人仍未履行义务的，行政机关可以向所在地有管辖权的人民法院申请强制执行；执行对象是不动产的，向不动产所在地有管辖权的人民法院申请强制执行。

第五十五条 行政机关向人民法院申请强制执行，应当提供下列材料：

（一）强制执行申请书；

（二）行政决定书及作出决定的事实、理由和依据；

（三）当事人的意见及行政机关催告情况；

（四）申请强制执行标的情况；

（五）法律、行政法规规定的其他材料。

强制执行申请书应当由行政机关负责人签名，加盖行政机关的印章，并注明日期。

第五十六条 人民法院接到行政机关强制执行的申请，应当在五日内受理。

行政机关对人民法院不予受理的裁定有异议的，可以在十五日内向上一级人民法院申请复议，上一级人民法院应当自收到复议申请之日起十五日内作出是否受理的裁定。

第五十七条 人民法院对行政机关强制执行的申请进行书面审查，对符合本法第五十五条规定，且行政决定具备法定执行效力的，除本法第五十八条规定的情形外，人民法院应当自受理之日起七日内作出执行裁定。

第五十八条 人民法院发现有下列情形之一的，在作出裁定前可以听取被执行人和行政机关的意见：

（一）明显缺乏事实根据的；

（二）明显缺乏法律、法规依据的；

（三）其他明显违法并损害被执行人合法权益的。

人民法院应当自受理之日起三十日内作出是否执行的裁定。裁定不予执行的，应当说明理由，并在五日内将不予执行的裁定送达行政机关。

行政机关对人民法院不予执行的裁定有异议的，可以自收到裁定之日起十五日内向上一级人民法院申请复议，上一级人民法院应当自收到复议申请之日起三十日内作出是否执行的裁定。

第五十九条 因情况紧急，为保障公共安全，行政机关可以申请人民法院立即执行。经人民法院院长批准，人民法院应当自作出执行裁定之日起五日内执行。

第六十条 行政机关申请人民法院强制执行，不缴纳申请费。强制执行的费用由被执行人承担。

人民法院以划拨、拍卖方式强制执行的，可以在划拨、拍卖后将强制执行的费用扣除。

依法拍卖财物，由人民法院委托拍卖机构依照《中华人民共和国拍卖法》的规定办理。

划拨的存款、汇款以及拍卖和依法处理所得的款项应当上缴国库或者划入财政专户，不得以任何形式截留、私分或者变相私分。

第六章 法 律 责 任

第六十一条 行政机关实施行政强制，有下列情形之一的，由上级行政机关或者有关部门责令改正，对直接负责的主管人员和其他直接责任人员依法给予处分：

（一）没有法律、法规依据的；

（二）改变行政强制对象、条件、方式的；

（三）违反法定程序实施行政强制的；

（四）违反本法规定，在夜间或者法定节假日实施行政强制执行的；

（五）对居民生活采取停止供水、供电、供热、供燃气等方式迫使当事人履行相关行政决定的；

（六）有其他违法实施行政强制情形的。

第六十二条 违反本法规定，行政机关有下列情形之一的，由上级行政机关或者有关部门责令改正，对直接负责的主管人员和其他直接责任人员依法给予处分：

（一）扩大查封、扣押、冻结范围的；

（二）使用或者损毁查封、扣押场所、设施或者财物的；

（三）在查封、扣押法定期间不作出处理决定或者未依法及时解除查封、扣押的；

（四）在冻结存款、汇款法定期间不作出处理决定或者未依法及时解除冻结的。

第六十三条 行政机关将查封、扣押的财物或者划拨的存款、汇款以及拍卖和依法处理所得的款项，截留、私分或者变相私分的，由财政部门或者有关部门予以追缴；对直接负责的主管人员和其他直接责任人员依法给予记大过、降级、撤职或者开除的处分。

行政机关工作人员利用职务上的便利，将查封、扣押的场所、设施或者财物据为己有的，由上级行政机关或者有关部门责令改正，依法给予记大过、降级、撤职或者开除的处分。

第六十四条　行政机关及其工作人员利用行政强制权为单位或者个人谋取利益的，由上级行政机关或者有关部门责令改正，对直接负责的主管人员和其他直接责任人员依法给予处分。

第六十五条　违反本法规定，金融机构有下列行为之一的，由金融业监督管理机构责令改正，对直接负责的主管人员和其他直接责任人员依法给予处分：

（一）在冻结前向当事人泄露信息的；

（二）对应当立即冻结、划拨的存款、汇款不冻结或者不划拨，致使存款、汇款转移的；

（三）将不应当冻结、划拨的存款、汇款予以冻结或者划拨的；

（四）未及时解除冻结存款、汇款的。

第六十六条　违反本法规定，金融机构将款项划入国库或者财政专户以外的其他账户的，由金融业监督管理机构责令改正，并处以违法划拨款项二倍的罚款；对直接负责的主管人员和其他直接责任人员依法给予处分。

违反本法规定，行政机关、人民法院指令金融机构将款项划入国库或者财政专户以外的其他账户的，对直接负责的主管人员和其他直接责任人员依法给予处分。

第六十七条　人民法院及其工作人员在强制执行中有违法行为或者扩大强制执行范围的，对直接负责的主管人员和其他直接责任人员依法给予处分。

第六十八条　违反本法规定，给公民、法人或者其他组织造成损失的，依法给予赔偿。

违反本法规定，构成犯罪的，依法追究刑事责任。

第七章　附　　则

第六十九条　本法中十日以内期限的规定是指工作日，不含法定节假日。

第七十条　法律、行政法规授权的具有管理公共事务职能的组织在法定授权范围内，以自己的名义实施行政强制，适用本法有关行政机关的规定。

第七十一条　本法自 2012 年 1 月 1 日起施行。

城市管理执法办法

(2017 年 1 月 24 日住房和城乡建设部令第 34 号公布　自 2017
年 5 月 1 日起施行)

第一章　总　　则

第一条　为了规范城市管理执法工作,提高执法和服务水平,维护城市管理秩序,保护公民、法人和其他组织的合法权益,根据行政处罚法、行政强制法等法律法规的规定,制定本办法。

第二条　城市、县人民政府所在地镇建成区内的城市管理执法活动以及执法监督活动,适用本办法。

本办法所称城市管理执法,是指城市管理执法主管部门在城市管理领域根据法律法规规章规定履行行政处罚、行政强制等行政执法职责的行为。

第三条　城市管理执法应当遵循以人为本、依法治理、源头治理、权责一致、协调创新的原则,坚持严格规范公正文明执法。

第四条　国务院住房城乡建设主管部门负责全国城市管理执法的指导监督协调工作。

各省、自治区人民政府住房城乡建设主管部门负责本行政区域内城市管理执法的指导监督考核协调工作。

城市、县人民政府城市管理执法主管部门负责本行政区域内的城市管理执法工作。

第五条　城市管理执法主管部门应当推动建立城市管理协调机制,协调有关部门做好城市管理执法工作。

第六条　城市管理执法主管部门应当加强城市管理法律法规规章的宣传普及工作,增强全民守法意识,共同维护城市管理秩序。

第七条　城市管理执法主管部门应当积极为公众监督城市管理执法活动提供条件。

第二章　执法范围

第八条　城市管理执法的行政处罚权范围依照法律法规和国务院有关规

定确定，包括住房城乡建设领域法律法规规章规定的行政处罚权，以及环境保护管理、工商管理、交通管理、水务管理、食品药品监管方面与城市管理相关部分的行政处罚权。

第九条 需要集中行使的城市管理执法事项，应当同时具备下列条件：

（一）与城市管理密切相关；

（二）与群众生产生活密切相关、多头执法扰民问题突出；

（三）执法频率高、专业技术要求适宜；

（四）确实需要集中行使的。

第十条 城市管理执法主管部门依法相对集中行使行政处罚权的，可以实施法律法规规定的与行政处罚权相关的行政强制措施。

第十一条 城市管理执法事项范围确定后，应当向社会公开。

第十二条 城市管理执法主管部门集中行使原由其他部门行使的行政处罚权的，应当与其他部门明确职责权限和工作机制。

第三章 执法主体

第十三条 城市管理执法主管部门按照权责清晰、事权统一、精简效能的原则设置执法队伍。

第十四条 直辖市、设区的市城市管理执法推行市级执法或者区级执法。

直辖市、设区的市的城市管理执法事项，市辖区人民政府城市管理执法主管部门能够承担的，可以实行区级执法。

直辖市、设区的市人民政府城市管理执法主管部门可以承担跨区域和重大复杂违法案件的查处。

第十五条 市辖区人民政府城市管理执法主管部门可以向街道派出执法机构。直辖市、设区的市人民政府城市管理执法主管部门可以向市辖区或者街道派出执法机构。

派出机构以设立该派出机构的城市管理执法主管部门的名义，在所辖区域范围内履行城市管理执法职责。

第十六条 城市管理执法主管部门应当依据国家相关标准，提出确定城市管理执法人员数量的合理意见，并按程序报同级编制主管部门审批。

第十七条 城市管理执法人员应当持证上岗。

城市管理执法主管部门应当定期开展执法人员的培训和考核。

第十八条 城市管理执法主管部门可以配置城市管理执法协管人员，配合执法人员从事执法辅助事务。

协管人员从事执法辅助事务产生的法律后果，由本级城市管理执法主管部门承担。

城市管理执法主管部门应当严格协管人员的招录程序、资格条件，规范执法辅助行为，建立退出机制。

第十九条　城市管理执法人员依法开展执法活动和协管人员依法开展执法辅助事务，受法律保护。

第四章　执法保障

第二十条　城市管理执法主管部门应当按照规定配置执法执勤用车以及调查取证设施、通讯设施等装备配备，并规范管理。

第二十一条　城市管理执法制式服装、标志标识应当全国统一，由国务院住房城乡建设主管部门制定式样和标准。

第二十二条　城市管理执法应当保障必要的工作经费。

工作经费按规定已列入同级财政预算，城市管理执法主管部门不得以罚没收入作为经费来源。

第二十三条　城市管理领域应当建立数字化城市管理平台，实现城市管理的信息采集、指挥调度、督察督办、公众参与等功能，并逐步实现与有关部门信息平台的共享。

城市管理领域应当整合城市管理相关电话服务平台，建立统一的城市管理服务热线。

第二十四条　城市管理执法需要实施鉴定、检验、检测的，城市管理执法主管部门可以开展鉴定、检验、检测，或者按照有关规定委托第三方实施。

第五章　执法规范

第二十五条　城市管理执法主管部门依照法定程序开展执法活动，应当保障当事人依法享有的陈述、申辩、听证等权利。

第二十六条　城市管理执法主管部门开展执法活动，应当根据违法行为的性质和危害后果依法给予相应的行政处罚。

对违法行为轻微的，可以采取教育、劝诫、疏导等方式予以纠正。

第二十七条　城市管理执法人员开展执法活动，可以依法采取以下措施：

（一）以勘验、拍照、录音、摄像等方式进行现场取证；

（二）在现场设置警示标志；

（三）询问案件当事人、证人等；

（四）查阅、调取、复制有关文件资料等；

（五）法律、法规规定的其他措施。

第二十八条 城市管理执法主管部门应当依法、全面、客观收集相关证据，规范建立城市管理执法档案并完整保存。

城市管理执法主管部门应当运用执法记录仪、视频监控等技术，实现执法活动全过程记录。

第二十九条 城市管理执法主管部门对查封、扣押的物品，应当妥善保管，不得使用、截留、损毁或者擅自处置。查封、扣押的物品属非法物品的，移送有关部门处理。

第三十条 城市管理执法主管部门不得对罚款、没收违法所得设定任务和目标。

罚款、没收违法所得的款项，应当按照规定全额上缴。

第三十一条 城市管理执法主管部门应当确定法制审核机构，配备一定比例符合条件的法制审核人员，对重大执法决定在执法主体、管辖权限、执法程序、事实认定、法律适用等方面进行法制审核。

第三十二条 城市管理执法主管部门开展执法活动，应当使用统一格式的行政执法文书。

第三十三条 行政执法文书的送达，依照民事诉讼法等法律规定执行。

当事人提供送达地址或者同意电子送达的，可以按照其提供的地址或者传真、电子邮件送达。

采取直接、留置、邮寄、委托、转交等方式无法送达的，可以通过报纸、门户网站等方式公告送达。

第三十四条 城市管理执法主管部门应当通过门户网站、办事窗口等渠道或者场所，公开行政执法职责、权限、依据、监督方式等行政执法信息。

第六章 协作与配合

第三十五条 城市管理执法主管部门应当与有关部门建立行政执法信息互通共享机制，及时通报行政执法信息和相关行政管理信息。

第三十六条 城市管理执法主管部门可以对城市管理执法事项实行网格化管理。

第三十七条　城市管理执法主管部门在执法活动中发现依法应当由其他部门查处的违法行为，应当及时告知或者移送有关部门。

第七章　执法监督

第三十八条　城市管理执法主管部门应当向社会公布投诉、举报电话及其他监督方式。

城市管理执法主管部门应当为投诉人、举报人保密。

第三十九条　城市管理执法主管部门违反本办法规定，有下列行为之一的，由上级城市管理执法主管部门或者有关部门责令改正，通报批评；情节严重的，对直接负责的主管人员和其他直接责任人员依法给予处分。

（一）没有法定依据实施行政处罚的；

（二）违反法定程序实施行政处罚的；

（三）以罚款、没收违法所得作为经费来源的；

（四）使用、截留、损毁或者擅自处置查封、扣押物品的；

（五）其他违反法律法规和本办法规定的。

第四十条　非城市管理执法人员着城市管理执法制式服装的，城市管理执法主管部门应当予以纠正，依法追究法律责任。

第八章　附　　则

第四十一条　本办法第二条第一款规定范围以外的城市管理执法工作，参照本办法执行。

第四十二条　本办法自 2017 年 5 月 1 日起施行。1992 年 6 月 3 日发布的《城建监察规定》（建设部令第 20 号）同时废止。

城市管理执法行为规范①

（2018 年 9 月 5 日）

第一章 总 则

第一条 为规范城市管理执法行为，推进严格规范公正文明执法，根据《中华人民共和国行政处罚法》《中华人民共和国公务员法》等相关法律法规，制定本规范。

第二条 城市管理执法人员从事行政检查、行政强制、行政处罚等执法活动，应当遵守本规范。

第三条 城市管理执法应当以习近平新时代中国特色社会主义思想为行动指南，遵循以人民为中心的发展思想，践行社会主义核心价值观，坚持严格规范公正文明执法，坚持处罚与教育相结合，坚持执法效果与社会效果相统一，自觉接受监督。

第四条 城市管理执法人员应当牢固树立"四个意识"，坚决维护习近平总书记党中央的核心、全党的核心地位，坚决维护党中央权威和集中统一领导，自觉在思想上政治上行动上同以习近平同志为核心的党中央保持高度一致。

第五条 城市管理执法人员应当爱岗敬业、恪尽职守、团结协作、勇于担当、服从指挥，自觉维护城市管理执法队伍的尊严和形象。

第二章 执法纪律

第六条 城市管理执法人员应当坚定执行党的政治路线，严格遵守政治纪律和政治规矩。

第七条 城市管理执法人员应当严格遵守廉洁纪律，坚持公私分明、崇廉拒腐、干净做事，维护群众利益，不得从事违反廉洁纪律的活动。

---

① 参见《住房城乡建设部关于印发城市管理执法行为规范的通知》，载住房和城乡建设部网站，http://www.mohurd.gov.cn/wjfb/201809/t20180913_237575.html，最后访问时间：2021 年 10 月 18 日。

第八条　城市管理执法人员应当依据法定权限、范围、程序、时限履行职责，不得有下列行为：

（一）选择性执法；

（二）威胁、辱骂、殴打行政相对人；

（三）工作期间饮酒，酒后执勤、值班；

（四）为行政相对人通风报信、隐瞒证据、开脱责任；

（五）打击报复行政相对人；

（六）其他违反工作纪律的行为。

城市管理执法人员与行政相对人有直接利害关系或可能影响公正执法的关系时，应当回避。

第三章　办案规范

第九条　城市管理执法人员应当采取文字、音像等方式对城市管理执法全过程进行记录，实现可回溯管理。

第十条　城市管理执法人员实施执法时，应当出示行政执法证件，告知行政相对人权利和义务。

第十一条　城市管理执法人员应当依法、全面、客观、公正调查取证。

调查取证时，城市管理执法人员不得少于两人。

第十二条　城市管理执法人员应当依法实施证据先行登记保存或查封场所设施、扣押财物。

对先行登记保存或扣押的财物，城市管理执法人员应当妥善保管，不得使用、截留、损毁或者擅自处置。

第四章　装备使用规范

第十三条　城市管理执法人员使用执法车辆，应当遵守道路交通安全法律法规，保持车辆完好、整洁。禁止公车私用。

非工作需要，不得将执法车辆停放在公共娱乐场所、餐馆酒楼等区域。

第十四条　城市管理执法人员实施执法时，应当按照规范使用通讯设备，保持工作联络畅通，不得超出工作范围使用通讯设备。

第十五条　城市管理执法人员实施执法时，应当开启音像设备，不间断记录执法过程，及时完整存储执法音像资料，不得删改、外传原始记录。

第五章　着装规范

第十六条　城市管理执法人员实施执法时，应当穿着统一的制式服装，佩戴统一的标志标识。

第十七条　城市管理制式服装应当成套规范穿着，保持整洁完好，不得与便服混穿，不得披衣、敞怀、挽袖、卷裤腿。

第十八条　城市管理执法人员应当按规定佩戴帽徽、肩章、领花、臂章、胸徽、胸号等标志标识，不得佩戴与执法身份不符的其它标志标识或饰品。

第六章　仪容举止和语言规范

第十九条　城市管理执法人员应当保持头发整洁，不得染彩发。男性城市管理执法人员不得留长发、烫卷发、剃光头和蓄胡须。女性城市管理执法人员实施执法时应当束发，发垂不得过肩。

第二十条　城市管理执法人员实施执法时，应当举止端庄、姿态良好、行为得体，不得边走边吃东西、扇扇子；不得在公共场所或者其他禁止吸烟的场所吸烟；不得背手、袖手、插兜、搭肩、挽臂、揽腰；不得嬉笑打闹、高声喧哗。

第二十一条　城市管理执法人员实施执法时，应当先向行政相对人敬举手礼。

第二十二条　城市管理执法人员应当礼貌待人，语言文明规范，不得对行政相对人使用粗俗、歧视、训斥、侮辱以及威胁性语言。

第二十三条　城市管理执法人员实施执法时，一般使用普通话，也可以根据行政相对人情况，使用容易沟通的语言。

第七章　实施和监督

第二十四条　市县人民政府城市管理执法部门是本规范实施的责任主体，应当组织辖区内城市管理执法人员学习、训练，在实施执法时严格执行本规范。

第二十五条　市县人民政府城市管理执法部门应当加强城市管理执法人员执行规范情况的监督检查，纠正违反本规范的行为，视情节轻重对违反规范的有关人员进行处理。

省级人民政府城市管理执法部门应当加强市县城市管理执法部门组织实

施规范情况的监督，定期开展监督检查和考核评价。对组织实施不力的，视情况给予通报批评或实施约谈。

国务院城市管理主管部门负责监督全国城市管理执法部门落实本规范工作情况。

第二十六条　市县人民政府城市管理执法部门应当采取设立举报电话、信箱等方式，畅通群众投诉举报城市管理执法行为的渠道。

第二十七条　城市管理执法人员有违反本规范情形的，由市县人民政府城市管理执法部门责令改正，给予批评教育；其中，违反执法纪律、办案规范、装备使用规范应予处分的，由处分决定机关根据情节轻重，给予处分；构成犯罪的，依法追究刑事责任。

第二十八条　对执行本规范表现突出的单位和个人，应当给予表扬，同等条件下优先推荐评选先进集体、青年文明号、文明单位或先进工作者、劳动模范等。

评选国家园林城市、中国人居环境奖，同等条件下优先考虑执行本规范表现突出的城市。近两年发生违反本规范行为并造成恶劣社会影响的城市，不纳入评选范围。

国务院城市管理主管部门在参与评选文明城市工作中，应当综合考虑参选城市执行本规范情况，对近两年发生违反本规范行为并造成恶劣社会影响的城市，应当提出否定意见。

第八章　附　　则

第二十九条　本规范由住房城乡建设部负责解释。地方各级人民政府城市管理执法部门可以根据本规范制定实施细则。

第三十条　城市管理执法协管人员从事辅助性执法活动，参照本规范执行。

第三十一条　本规范自 2018 年 10 月 1 日起实施。

图书在版编目（CIP）数据

城市管理行政执法文书样式：制作规范与法律依据／
法律应用研究中心编.—北京：中国法制出版社，
2021.10
　（行政执法文书实务指南系列）
　ISBN 978 - 7 - 5216 - 2232 - 4

　Ⅰ.①城… Ⅱ.①法… Ⅲ.①城市管理 - 行政执法 -
法律文书 - 范文 - 中国 Ⅳ.①D926.13

　中国版本图书馆 CIP 数据核字（2021）第 208057 号

责任编辑　王　熹　　　　　　　　　　　　　　封面设计　李　宁

城市管理行政执法文书样式：制作规范与法律依据
CHENGSHI GUANLI XINGZHENG ZHIFA WENSHU YANGSHI：ZHIZUO GUIFAN YU FALÜ YIJU

编者/法律应用研究中心
经销/新华书店
印刷/三河市紫恒印装有限公司
开本/730 毫米×1030 毫米　16 开　　　　　　　　印张/ 15　字数/ 133 千
版次/2021 年 10 月第 1 版　　　　　　　　　　　2021 年 10 月第 1 次印刷

中国法制出版社出版
书号 ISBN 978 - 7 - 5216 - 2232 - 4　　　　　　　　　　　定价：56.00 元

北京市西城区西便门西里甲 16 号西便门办公区
邮政编码：100053　　　　　　　　　　　　　　传真：010 - 63141852
网址：http：//www. zgfzs. com　　　　　　　编辑部电话：010 - 63141795
市场营销部电话：010 - 63141612　　　　　　印务部电话：010 - 63141606

（如有印装质量问题，请与本社印务部联系。）